DAS MILHAS RUMO AO MILHÃO

NORTON REVENO

DAS MILHAS RUMO AO MILHÃO

PERCA O MEDO DO CARTÃO DE CRÉDITO

INSÍGNIA

EDITOR: Felipe Colbert

COPIDESQUE E REVISÃO: Equipe Insígnia

CAPA E DIAGRAMAÇÃO: Equipe Insígnia

ILUSTRAÇÕES DA CAPA: Designed by Freepik

ILUSTRAÇÕES DE FUNDO DAS PÁGINAS 139-142 e 145-152: Designed by Freepik

Publicado por Insígnia Editorial
www.insigniaeditorial.com.br
Instagram: @insigniaeditorial
Facebook: facebook.com/insigniaeditorial
E-mail: contato@insigniaeditorial.com.br

Impresso no Brasil.

Dados Internacionais de Catalogação na Publicação (CIP)
(Câmara Brasileira do Livro, SP, Brasil)

Reveno, Norton
    Das milhas rumo ao milhão : perca o medo do
cartão de crédito / Norton Reveno. -- São Paulo, SP :
Insignia Editorial, 2023.

    ISBN 978-65-84839-27-4

    1. Educação financeira 2. Empreendedorismo
3. Finanças pessoais 4. Negócios e economia
I. Título.

23-176654   CDD-332.024

Índices para catálogo sistemático:

1. Finanças pessoais : Educação financeira :
    Economia   332.024

Tábata Alves da Silva - Bibliotecária - CRB-8/9253

Agradecimentos

Gostaria de expressar meus profundos agradecimentos, começando pela minha família, em especial minha mãe, Ana Maria, meu pai, Geraldo, meu irmão, Pedro, e meu tio, Rui. Eles, sem dúvida, representam o alicerce principal da minha vida, e seu apoio incondicional faz toda a diferença. Sempre fez.

Meu reconhecimento se estende aos meus sócios e amigos, Leonardo Soares, Alexandre Goulart, Marco Túlio Guimarães e Carolina Paladini, pela dedicação incansável que vocês têm demonstrado tanto aos negócios quanto às pessoas.

Quero também expressar minha gratidão ao meu mentor e amigo Everton Rosa, cuja inspiração foi fundamental para a concepção desta obra. Agradeço à amiga Day Muhammad, que com uma determinação sobrenatural, sempre busca o que acredita, e ao meu amigo Márcio Felipe, cuja disciplina inabalável serve de exemplo para todos nós.

Além disso, sob risco de cometer alguma injustiça deixando de lado algum nome, agradeço a todos os amigos, professores e colegas que tive ao longo da vida, pois subestimar a influência das pessoas que conhecemos em nossas jornadas seria um erro. Somos quem somos pelas relações que cultivamos.

Meus agradecimentos também se estendem à Insígnia Editorial e a Felipe Colbert por tornarem possível a chegada desta obra até você.

Não posso deixar de mencionar as dezenas de milhares de alunos, seguidores e todas as pessoas que de alguma forma foram impactadas positivamente pelas minhas mensagens. Saibam que quem ensina é também quem mais aprende, e eu aprendi muito com todos vocês.

Por fim, quero expressar meu sincero agradecimento a você, caro leitor, pois sem você esta obra não teria um propósito real. Desejo a todos uma excelente leitura.

SUMÁRIO

PREFÁCIO
POR EVERTON ROSA

Ao ouvir o nome de Norton Reveno, a primeira imagem que surge em minha mente é a de um aventureiro com um cartão de crédito na mão, pronto para embarcar em mais uma de suas jornadas. Mas Norton não é só isso. Ele é a síntese perfeita de um engenheiro meticuloso com um explorador destemido do universo digital.

A Amazônia, com sua vastidão e seus mistérios, foi apenas o início para Norton. Enquanto trabalhava na Petrobras, ele se deliciava em pequenos intervalos de liberdade, acumulando milhas e experiências. As redes sociais e os negócios digitais logo tornaram-se o palco onde ele brilharia como uma estrela em ascensão, mostrando que é possível ser um influenciador e empreendedor genuíno em um mundo em constante mudança.

Eu, Everton Rosa, artista por natureza, me vi fascinado ao cruzar o caminho deste engenheiro-viajante. A cada conversa, uma revelação: milhas são mais do que pontos; são passagens para novos horizontes. E Norton? Bem, ele não é apenas o especialista em milhas que todos procuram, mas um maestro orquestrando uma revolução financeira, mostrando que cada brasileiro pode, e deve, tirar proveito dos seus cartões de crédito.

A cada compra que faço, lembro-me das suas palavras e escolho conscientemente o crédito em vez do débito. Porque, nas lições de Norton, cada escolha é uma oportunidade, e cada milha é uma porta aberta para o novo.

Ao longo dos anos, enquanto eu buscava capturar a essência das pessoas através da minha lente, Norton construiu uma comunidade onde o principal foco era libertar as pessoas de suas inseguranças financeiras. Seus ensinamentos não são apenas sobre como otimizar o uso de cartões, mas sobre como viver de forma mais inteligente, audaciosa e, acima de tudo, livre.

Então, enquanto você se aprofunda neste livro, espero que sinta a mesma inspiração que senti ao conhecer Norton. Que cada página seja um convite à aventura e à descoberta, e que as histórias de Norton Reveno inspirem você, assim como me inspiraram, a olhar para além do óbvio, a buscar mais, a viver mais.

INTRODUÇÃO

O seu cartão de crédito pode ajudar você a conquistar a vida dos seus sonhos. Foi isso mesmo que você leu. Os meus cartões desempenham um papel tão fundamental no meu dia a dia que, até mesmo nas minhas visões mais otimistas, eu não poderia imaginar que alcançaria tão rapidamente uma vida repleta de liberdade.

Durante alguns anos estive preso naquilo que muitos chamam de "corrida dos ratos". Talvez você esteja familiarizado com essa expressão, que é uma metáfora dos ratos de laboratório em suas rodas ou labirintos, sempre em busca de uma saída. Quando aplicada aos seres humanos, é aquela em que você nasce, cresce, estuda, faz uma faculdade, consegue um emprego, trabalha todos os dias para receber um salário no final do mês, tira férias apenas uma vez por ano (seguindo o calendário estabelecido pelo seu chefe ou por outras pessoas), usa o seu dinheiro para pagar contas e despesas domésticas, constitui uma família e, eventualmente, muitos anos depois, quando finalmente se aposenta, espera ter o tempo livre para fazer o que realmente deseja, quem sabe viajar para onde quiser, quando quiser.

Você já se deparou com essa narrativa antes? Ela lhe parece familiar? Bem, talvez você até se veja, neste exato instante, como se estivesse dentro desta corrida...

Não se sinta culpado, pois entendo perfeitamente essa situação, já que também a vivenciei. No entanto, existe uma ótima notícia: você tem a capacidade de escolher se está disposto a explorar as alternativas que vou sugerir adiante ou se continua seguindo o mesmo caminho.

Se o seu objetivo é criar um futuro diferente, diversificar suas fontes de renda além do seu salário, viajar para diferentes lugares e até mesmo desfrutar de benefícios que, muitas vezes, nem imagina que o seu cartão de crédito pode oferecer, você escolheu o livro certo.

Nas próximas páginas, compartilharei detalhes sobre como consegui escapar dessa "corrida dos ratos" e construir uma vida caracterizada pela liberdade de tempo, localização e independência financeira. Vou revelar como você também pode alcançar o mesmo resultado, explorando um mundo pouco conhecido e divulgado: o mundo das milhas!

O conhecimento é a chave para a liberdade e aplicar o que explicarei a você pode elevar a qualidade da sua vida a um novo patamar. Assim como o uso estratégico do cartão de crédito transformou a minha vida e a de milhares de meus alunos, espero que, a partir de hoje, ele também possa potencializar a sua trajetória.

Está pronto para dar o primeiro passo em direção à SUA liberdade? Então, vamos juntos!

CAPÍTULO 1
EU TAMBÉM JÁ TIVE MEDO

Agora que este livro está em suas mãos, tenho total confiança de que o conhecimento que se inicia aqui é exatamente o que você precisa neste ponto da sua jornada. E como posso ter essa certeza? A resposta é simples.

O ser humano está em constante evolução, mesmo quando o ambiente ao nosso redor parece estável. Ao longo da minha trajetória, sempre acreditei que todos nós temos a capacidade e a responsabilidade de melhorar continuamente.

Buscar uma vida extraordinária, onde possamos desfrutar de tudo o que desejamos e vivenciar experiências excepcionais, é um direito de cada um. Se eu pude almejar e alcançar esse patamar, acredito firmemente que qualquer pessoa disposta a agir da mesma forma também pode atingir seus objetivos, seja de maneira semelhante ou exclusiva.

Durante muito tempo, pensei que somente um tipo de estabilidade financeira existia, que apenas um bom salário solucionaria tudo em minha vida. Ou que simplesmente ganhar uma quantia a mais trabalhando mais horas resolveria, acabando com grande parte dos seus problemas. Acredito que a maioria das pessoas passa por alguma fase onde se pergunta se o que está fazendo vai levá-la a realizar aquilo que deseja, e se vai ser feliz, possuindo tudo que sempre sonhou. São em momentos como este que nos questionamos sobre a nossa caminhada, sobre o nosso trabalho, o nosso dia a dia, relacionamentos, amizades, hábitos e a maneira como lidamos com o presente e o futuro. E, principalmente, se temos ambições, chega uma hora em que as perguntas vêm como uma avalanche e realmente cremos que se nos esforçarmos apenas para gastarmos menos do que ganhamos, a nossa vida estará completamente resolvida.

É bem verdade que a estabilidade financeira de uma pessoa ou família se refere a uma condição em que esta possui recursos suficientes para atender às suas necessidades básicas e manter um certo padrão de vida ao longo do tempo, sem enfrentar dificuldades financeiras significativas. Trata-se de uma situação em que os recursos disponíveis são equilibrados e adequados para cobrir despesas regulares como moradia, alimentação, cuidados de saúde, educação e outros itens essenciais, além de permitir a realização de objetivos financeiros a longo prazo.

A estabilidade financeira não se resume exclusivamente a possuir uma renda suficiente para as despesas atuais, mas também envolve a capacidade de lidar com situações imprevistas ou emergências sem recorrer a dívidas excessivas. Ela é alcançada quando uma pessoa ou família tem controle sobre suas finanças, vive dentro de suas possibilidades, economiza para metas futuras e, consequentemente, possui uma rede de segurança financeira. E é por isso que todos se esforçam para ganhar mais no que estão habituados a fazer.

Um aumento de salário pode trazer muitos benefícios, claro. Viajar mais, divertir-se mais, comprar uma casa, trocar de carro ou investir em algo que desejamos. Aparentemente, quase tudo se resolve com mais dinheiro. Porém, com o tempo, percebi que eu queria mais do que isso: meu anseio era por liberdade! Eu não queria ficar preso a um emprego que me pagasse uma certa quantia mensal em troca do meu tempo, que me permitia tirar férias somente uma vez por ano — muitas vezes nas datas que eles estipulavam, não naquelas que eu realmente desejava. Cada vez que eu pensava nisso tudo, sentia que desperdiçava uma parte importante de mim, tinha a sensação de que era um escravo das circunstâncias. Era como se eu não pudesse parar, ou até mesmo mudar de rota, por mais que eu quisesse, pois precisava daquela renda para pagar as minhas contas, embora essa fosse uma "escravidão" em que eu mesmo havia me colocado.

Bem, minhas palavras parecem condizentes com o seu momento atual? Então pegue a sua xícara de café, a sua taça de vinho ou o seu chá preferido que desvendarei, a partir de agora, como consegui criar uma vida mais livre, exatamente do jeito que eu sempre quis, e ainda ganhando muito mais dinheiro do que antes. E para ficar melhor, vou guiá-lo pelo caminho que eu segui, para que você também possa fazer o mesmo que eu.

Nunca foi sorte, sempre foi esforço e dedicação

Vamos começar pelo princípio, literalmente. Afinal, no início deste capítulo, compartilhei que também já experimentei o medo e, acredite, você e eu somos mais semelhantes do que possa imaginar.

Em meio à jornada de existência, muitas pessoas se confrontam com uma variedade de inquietações, ansiedades e receios diante do desconhecido, da incerteza e das inevitáveis adversidades que o futuro pode apresentar. Esse sentimento de medo, profundamente enraizado em todos nós, pode se manifestar de diferentes formas, restringindo o potencial de crescimento pessoal e prejudicando o bem-estar emocional ou até mesmo comprometendo a nossa saúde física. É com o medo que ficamos "cegos" diante de novas oportunidades que se apresentam à nossa frente. E pode levar tempo para mudar isso.

Quando criança, eu não era o cara mais popular da minha sala de aula, eu sofri *bullying* muitas vezes, era um menino muito tímido e não achava que tinha qualquer coisa especial, me sentia uma criança aquém das outras, não possuindo nada que fizesse realmente me destacar, sabe? Na verdade, hoje eu percebo que sempre me considerei uma pessoa comum. Passei anos da minha vida dentro desta "caixinha".

Desde minha infância, meus pais me ensinaram que, se eu quisesse alcançar o sucesso na vida, deveria dedicar-me aos estudos, ser um aluno exemplar, passar no vestibular, entrar em uma prestigiosa faculdade e, por meio disso, preparar-me para garantir um emprego estável. Era a típica orientação transmitida pelas gerações mais antigas. Assim, com esses alicerces em minha mente, optei por seguir um curso que prometesse um alto potencial de ganhos financeiros. Parecia uma escolha óbvia, afinal, eu desejava um futuro próspero e confortável, e tinha aprendido com eles que esse era o melhor caminho. E entreguei-me a esse objetivo por muitos anos.

Você já se sentiu vulnerável diante do desconhecido,

assim como eu? Deslocado na sociedade? Pois bem, então vamos continuar porque pode ser que nossas semelhanças não parem por aí.

Nasci numa família onde meu pai é engenheiro e posteriormente se tornou empresário. Minha mãe é médica e decidiu seguir a área acadêmica, inclusive o seu sonho era que eu fosse funcionário público e vivesse uma vida parecida com a dela, afinal, o que a grande maioria pensa é que pessoas concursadas têm salário garantido, um bom período de férias e outras regalias provenientes do governo, e isso para qualquer serviço público neste país. Eu gostava muito de números, tirava boas notas e me destacava em Matemática e Física, tendo inclusive ganhado uma medalha na Olimpíada de Química, na grande Belém, outra medalha na Olimpíada de Matemática e mais uma na Olimpíada Brasileira de Física. Acho que somente por isso já dá pra notar que eu tinha um certo apreço com as disciplinas relacionadas à área de exatas. Decidi usar isso a meu favor e considerei prestar vestibular para Engenharia. Faria a prova do ITA (Instituto Tecnológico de Aeronáutica), e não sei se você sabe, mas não é uma instituição fácil de entrar, as provas são dificílimas, a concorrência é bastante acirrada e numerosa. A instituição é conhecida por seu elevado nível de exigência acadêmica e rigor de seleção. Requer dedicação, esforço contínuo e comprometimento, então, para eu me preparar, escolhi usar uma estratégia: saí da escola que estudava e ingressei em um colégio militar na metade do segundo ano colegial. Bem, não foi nada fácil. Eu te digo que despenquei do posto de melhor aluno da classe anterior para ser um dos piores alunos da nova turma, e tudo isso logo que entrei na escola, afinal, o nível de exigência ali era muito maior, e eu tinha a sensação de que a preparação para a prova que eu queria me custaria bastante.

Determinei-me a dar um jeito nisso. Se eu realmente estava disposto e queria fazer a faculdade que eu tanto almejava, precisaria me dedicar, e sabia que ninguém poderia fazer isso no meu lugar, afinal, no dia da prova é só você e ela, não há outra alternativa a não ser aprender realmente e se preparar muito bem para este enorme desafio.

Para poder me nivelar aos outros alunos desta nova escola — e eu sabia que muitos deles concorreriam comigo —, adotei o padrão que eu chamava carinhosamente de "rotina de padeiro": comecei a acordar todos os dias às 3h50 da madrugada, de segunda a sábado, pegava meus cadernos e livros, e estudava das 4h às 6h da manhã. Nesse período, intercalava as matérias de Matemática, Física e Química, pois eram as disciplinas que tinham peso maior na prova do ITA. Durante a semana, frequentava a escola no período da manhã e estudava muito em casa, sozinho, à tarde. Coloquei na minha cabeça que se realmente quisesse fazer o meu desejo se tornar realidade, precisaria me dedicar ao extremo, afinal, os meus colegas pareciam estar anos-luz à minha frente, e era com eles que eu disputaria, tendo o mesmo prazo de estudo até a data da prova.

Meus sábados incluíam um período normal de aula pelo turno da manhã, depois simulados da prova à tarde e somente durante as noites destes dias e aos domingos, eu aproveitava para descansar, afinal, considero o descanso como parte da rotina se quisermos estar na nossa melhor performance, e se você parar para analisar, é um ensinamento bíblico, descansar um dia da semana; se até mesmo Deus descansou no sétimo dia depois de criar o mundo, por que eu também não deveria ter os meus momentos de lazer? Então isso não me pesava a consciência, o repouso também faz parte da preparação, afinal, uma mente descansada consegue render e reter muito mais o aprendizado.

Dediquei-me àquilo em que tinha maior aptidão, que era a área de exatas. As ciências exatas como Matemática, Física e Química são frequentemente valorizadas por sua aplicabilidade em setores como tecnologia, engenharia, ciência da computação, economia e outras disciplinas que exigem análise quantitativa e raciocínio lógico. Essa escolha me ensinou que, muitas vezes, quando estamos indecisos, é importante sabermos bem o que *não* queremos. Obviamente, não há garantias de que sua escolha será sempre acertada, pois a vida, por natureza, não oferece garantias. Entretanto, sua parte é crucial e deve ser feita, independentemente da dedição que tome.

O que eu realmente precisava era persistir em meu comprometimento e estudo diário. Acredito que, quando desejamos algo, é fundamental dedicar esforço máximo e explorar todas as oportunidades ao nosso alcance. Mesmo nos momentos de maior cansaço, eu mentalizava meu futuro, visualizando-me já na faculdade, compartilhando minha paixão pelo caminho que havia escolhido. Isso me impulsionava a seguir adiante.

Ressalto aqui que nenhuma área acadêmica é intrinsecamente "melhor" que outra. Todas as áreas têm suas próprias características, importância e contribuições para a sociedade de formas diferentes. Cada uma delas possui suas particularidades e valor, e a escolha entre seguir uma carreira dependerá do seu interesse pessoal, habilidades e objetivos. Cada pessoa deve escolher uma carreira que esteja alinhada com ela, buscando a realização pessoal e a contribuição positiva para a sociedade, independentemente da área escolhida.

Mas nessa jornada de escolha profissional, algumas certezas eram claras para mim. Uma delas era o meu desagrado em relação a situações que envolviam sangue, o que excluía a Medicina como uma opção viável. Além disso, as muitas medalhas que conquistei na área de exatas e minha facilidade com números eram evidências sólidas de que havia tomado a decisão correta, mesmo que a preparação fosse desafiadora naquele momento. E é aquela história: o universo conspira a nosso favor quando nos empenhamos sinceramente em atingir nossos objetivos.

A importância de estar atento às oportunidades

Apesar de não ter passado no ITA, minha dedicação aos estudos durante tanto tempo, dias e dias acordando antes do sol nascer, rendeu frutos: fui aprovado na USP (Universidade de São Paulo), uma das universidades mais concorridas do país, e me mudei para São Carlos, uma cidade no interior do estado mais populoso do Brasil, São Paulo. Era um vestibular que eu também almejava bastante, em uma das melhores instituições do país. Com isso, tive a oportunidade de sair de casa aos 17 anos, sozinho, com uma mala que chegava a pesar metade do meu peso e pouco dinheiro. Fui parar numa cidade totalmente desconhecida para mim, sem nenhum lugar onde morar.

Aquilo foi um choque. Embora eu quisesse muito, lembro que chorei bastante na última noite que dormi na casa dos meus pais. O dia 14 de fevereiro de 2005 foi um divisor de águas na minha vida, tanto que me recordo da data exata até hoje. Eu claramente nem imaginava o que aconteceria nos anos seguintes, mas esse era apenas o início de tudo o que ainda estava por surgir, algo que nunca seria capaz de conceber naquela época.

Quando os filhos entram na universidade, a maioria dos pais os acompanha e realiza a matrícula deles, mas esta não foi a minha realidade. Os meus pais estavam longe e na época não tínhamos condições familiares financeiras de pagar passagem para mais alguém ir comigo até o interior de São Paulo somente para fazer a matrícula e depois voltar para Belém.

Lembro como se fosse hoje: no dia marcado, cheguei na universidade sozinho, cansado (fui direto do aeroporto com a minha mala enorme), e fiz a matrícula no curso de Engenharia Elétrica. Lá, acabei conhecendo alguns veteranos do curso que me convidaram pra dormir na casa deles naquela noite, uma república, onde diversos estudantes moram, geralmente pessoas vindas de cidades diferentes, para poderem estudar e diminuir os seus custos. Eu aceitei o convite, já que não tinha mesmo um lugar para ficar, e no dia seguinte fui parar em outra república. Acabei encontrando um amigo da minha escola de Belém e passamos a morar juntos; dividimos um quarto e me senti melhor por compartilhar o espaço com alguém que já conhecia.

O tempo foi avançando enquanto continuava me dedicando à faculdade de Engenharia Elétrica e gostando dela. Consegui um estágio numa empresa muito boa chamada PromonLogicalis — hoje ela se chama Logicalis — em 2009. A empresa ficava na capital de São Paulo e na época o mundo passava por uma grande crise mundial. Meu sonho era ser efetivado no meu cargo. Nessa mesma época, no final do ano de 2009, resolvi entrar no processo de *trainee* do Itaú. Passei e deixei o estágio da PromonLogicalis. Fui trabalhar na nova empresa, e achava ótimo porque ela havia se fundido com o Unibanco em 2008, tendo virado o maior conglomerado financeiro da ocasião, então, na minha visão, eu estava me saindo muito bem, indo no caminho certo, pois era novo e aos poucos conquistava o meu espaço. Logo poderia alçar voos maiores e conseguir uma boa posição, quem sabe um dia até mesmo um cargo na diretoria, que era o meu grande objetivo ainda como *trainee*, o que, para os pensamentos que eu tinha na época, me garantiria um bom salário e estabilidade financeira.

Neste período, eu estava trabalhando em São Paulo, mas ainda frequentava a universidade em São Carlos, o que representava uma distância considerável de quase 250km. Concluí a faculdade e continuei trabalhando na capital paulista. Numa dessas viagens de ida e volta, em uma carona, fui informado sobre um cargo na Petrobras que adotava um regime de trabalho peculiar: 14 dias embarcado em uma plataforma, seguidos de 21 dias de folga em terra firme. Parecia algo completamente incrível para mim, e como já havia me formado, percebi que poderia me inscrever para esse serviço.

Solicitei ao meu amigo que me avisasse quando houvesse um concurso aberto para esse cargo em particular, e logo ele me disse que um deles estava prestes a ser realizado. Confesso que, dessa vez, minha dedicação aos estudos foi menor em comparação com a preparação rigorosa que havia feito para enfrentar um dos vestibulares mais desafiadores do Brasil, como você deve se lembrar. No entanto, combinando meu conhecimento anterior com a carga horária que já tinha, juntamente com as disciplinas de ciências exatas que havia estudado durante meu curso de Engenharia, consegui realizar uma revisão eficiente desse material. Isso foi suficiente para obter um resultado que me permitiu ser aprovado no concurso.

Quando eu soube que havia sido aprovado, ainda trabalhava no Itaú Unibanco. Enquanto fazia os exames médicos necessários para o novo emprego — afinal, não tinha nem ideia de quando iam me chamar para posse do cargo, pois concurso público é assim, às vezes você passa e a posse do cargo pode demorar anos —, continuei me dedicando à minha função no banco. Entretanto, a resposta para quando eu assumiria a posição veio rapidamente e bateu aquela dúvida; na realidade, eu ainda sentia dentro de mim uma grande vontade de ser um executivo importante, ainda mais de uma grande empresa, consolidada no mercado, já que essa visão glamourosa de ser diretor de um banco soava bastante interessante pra mim, mas acabei optando pela Petrobras, por aquele regime de trabalho diferente de tudo o que eu já tinha visto antes, que me pareceu curioso desde a primeira vez que eu havia escutado falar e que realmente tinha me chamado a atenção.

Saí do Itaú e em três semanas recebi um telegrama para tomar posse do meu cargo. Me mudei para Salvador e fiquei um ano na cidade, estudando todos os dias no curso de Formação de Engenharia de Petróleo, que nos prepara, entre muitas coisas, para atuar na cadeia de exploração e produção de petróleo da Petrobras. Entre as diversas funções possíveis para um engenheiro deste tipo, a que mais me chamava atenção envolvia trabalhar na liderança das plataformas. Este sempre fora o meu objetivo, desde que ouvira falar do concurso, para poder trabalhar os 14 dias e folgar 21 dias.

Quando entrei definitivamente no cargo que almejava, a grande verdade é que não gostei do que exercia. Os 14 dias que eu ficava embarcado na plataforma eram extremamente intensos! Significava que eu tinha uma carga de no mínimo doze horas de trabalho, mas precisava ficar de prontidão vinte e quatro horas por dia. E isso significa dois meses de trabalho em relação a um mês de uma pessoa em um cargo normal. Era muito exaustivo!

Entenda, enquanto estamos numa dessas plataformas, embora tenhamos momentos de descanso, necessitamos ficar sempre em alerta para resolver o que é preciso na hora que for necessário, afinal, qualquer demora em algo que aconteça ali pode ser fatal e levar a acidentes que afetam instantaneamente a todos. Pela própria natureza da responsabilidade que esse cargo exige, o estado de alerta impede uma tranquilidade plena durante os períodos de descanso.

Tentando resumir um pouco o que foi esta fase, trabalhar em uma plataforma de petróleo é uma experiência única e desafiadora, que requer profissionais altamente treinados e dedicados. As plataformas de petróleo são projetadas para explorar e extrair petróleo e gás natural do subsolo marinho ou terrestre. São normalmente localizadas em áreas remotas, podendo estar a centenas de quilômetros da costa, ou mesmo em áreas terrestres de difícil acesso, o que te distancia da maior parte das pessoas. A todo instante, quem trabalha nesses locais passa por treinamentos rigorosos e segue protocolos estritos para garantir a segurança pessoal e de toda a equipe, enfrentando condições climáticas adversas, como temperaturas extremas, ventos fortes e mares agitados. Equipamentos de proteção são obrigatórios e inspeções regulares são realizadas para garantir a conformidade com os padrões de segurança. Ou seja, tudo isso demanda sacrifícios pessoais, especialmente pelo isolamento e longevidade dos turnos de trabalho.

Para acrescentar, após minha transferência de Salvador, fui designado para trabalhar no estado do Amazonas. O salário era verdadeiramente atraente e, somado a isso, havia a liberdade que eu desfrutava nos 21 dias em que não estava em serviço. Essas três semanas representavam um período de total liberdade, desprovido de preocupações. Foi nessa época que me dei conta de algo: eu tinha uma paixão pelas viagens. E sabe como eu descobri isso? Viajando! Durante meu período na Petrobras, viajei amplamente, explorando diversos países. Foi durante essas viagens nos dias em que não estava trabalhando que comecei a adquirir os conhecimentos que compartilho neste livro.

Mas, como diz aquele ditado, nem tudo são flores...

A crise chegou de vez ao Brasil

Entre 2014 e 2017, a Petrobras foi um assunto muito noticiado na televisão e em outras mídias do país devido à Operação Lava Jato.

A Operação Lava Jato foi uma investigação criminal de grande escala realizada no Brasil que começou em março de 2014. Ela teve como objetivo apurar casos de corrupção, lavagem de dinheiro e outros crimes financeiros envolvendo políticos, empresários e executivos de grandes empresas, principalmente ligados à Petrobras.

A investigação revelou um esquema vasto e complexo de corrupção que envolvia o superfaturamento de contratos da maior empresa de petróleo do país, onde as empresas envolvidas pagavam propinas a funcionários da estatal e a políticos em troca de contratos lucrativos. O dinheiro ilícito era então lavado através de diversas transações financeiras complexas.

A Operação Lava Jato ganhou enorme destaque no Brasil e internacionalmente devido à magnitude das descobertas, à prisão de importantes figuras políticas e empresariais, e ao uso de técnicas avançadas de investigação, como interceptações telefônicas e cooperação internacional.

A operação resultou em inúmeras prisões, condenações e acordos de delação premiada, tendo impacto direto na política brasileira e nas relações entre setores empresariais e o governo. No entanto, também gerou controvérsias em relação a procedimentos legais, vazamentos de informações e alegações de parcialidade por parte dos investigadores.

Vale ressaltar que a Operação Lava Jato foi uma das maiores investigações anticorrupção da história do Brasil, influenciando debates sobre ética, transparência e combate à corrupção no país.

Se antes eu batia no peito e me orgulhava de trabalhar na empresa, nesse período passei a me preocupar demais com essa situação. Somava-se a isso o fato de que eu queria continuar viajando pelo mundo, aprender a falar árabe e russo, ir para todos os lugares possíveis, conhecer diferentes culturas e tudo isso durante os meus 21 dias disponíveis já não me satisfazia mais. Então resolvi aproveitar a crise que se instalava e usá-la a meu favor.

Aqui fica um ensinamento importante que eu tive na época: para uns, a crise pode ser uma grande oportunidade. Muitos empreendedores fazem isso, lucram em tempos difíceis e encontram soluções onde a maioria só vê problemas.

Se tem uma coisa que eu carrego comigo é que a única certeza em relação a uma crise é que ela eventualmente passará. Por que digo isso? Porque, por definição, uma crise é um estado temporário; caso contrário, não seria chamada de crise, mas sim, de condição normal do mundo.

Foi exatamente esse raciocínio que utilizei como pilar central quando decidi solicitar uma licença de trabalho não remunerada. Além disso, acrescentei um contexto valioso à minha argumentação, acreditando que isso me tornaria ainda mais persuasivo ao me dirigir ao meu superior: "Estou saindo agora, o que significa que vocês não precisarão cobrir meu salário. E, quando essa crise acabar, não haverá necessidade de contratar e treinar um novo engenheiro, pois estarei de volta."

Foi com essas palavras que consegui passar vinte meses morando em outro país e viajando. Claro, sem receber salário algum.

É óbvio que estou relatando aqui do jeito mais simples possível, mas, resumidamente, foi isso que aconteceu. Agora você começa a compreender o impacto que os cartões de crédito e seus benefícios tiveram na minha trajetória: permitiram-me viver a vida que eu sempre sonhei, com a liberdade de ir e vir.

Basicamente, de forma direta e objetiva, utilizei as milhas que obtive por meio dos cartões como uma das minhas fontes de renda, o que foi de grande ajuda. No entanto, não se preocupe se ainda não está familiarizado com o conceito de milhas; vou explicar tudo mais adiante. Por enquanto, é importante saber que alguns cartões de crédito recompensam seus usuários com milhas quando utilizados corretamente, e essas milhas podem até ser convertidas em dinheiro. Foi exatamente o que fiz durante o período em que não tinha uma renda fixa. Portanto, se você acha que viver assim é um sonho, saiba que, após aprender o que compartilharei nas próximas páginas, perceberá que é muito mais do isso, é uma realidade plenamente viável. Se hoje o seu objetivo de vida é trabalhar incansavelmente até atingir a aposentadoria visando apenas a estabilidade financeira convencional, quero enfatizar que há possibilidades de gerar renda adicional de formas que você nem imagina. Sou a prova viva disso.

Não estou afirmando que viver exclusivamente de milhas seja a solução para todos os seus problemas, mas quero ressaltar que existe a oportunidade de gerar renda extra de maneiras que você provavelmente ignora, e elas estão ao seu alcance, muitas vezes, quase na palma da sua mão, integradas ao seu cotidiano, sem que você perceba. É algo que pode ser feito de forma simples, prática e acessível desde que você adquira o conhecimento necessário. E eu estou aqui para orientá-lo.

Então prepare-se, pois a sua jornada de aprendizado e transformação de vida está prestes a começar.

CAPÍTULO 2

MINDSET FINANCEIRO

A narrativa de crescer, estudar e trabalhar é cultural, amplamente difundida na sociedade, que reflete a ideia tradicional do percurso de vida "padrão" que muitas pessoas são ensinadas a seguir, assim como eu e, talvez, você. Essa narrativa sugere que o caminho para o sucesso e a realização pessoal é seguir uma sequência linear de eventos, começando com a infância e que vai crescendo até a idade adulta. Embora esse modelo possa ser relevante para muitas pessoas e em muitos casos levar ao sucesso pessoal e profissional, também é importante reconhecer que nem todos os indivíduos se encaixam nele. As pessoas têm diferentes interesses, habilidades e objetivos, e há muitas formas válidas e significativas de levar uma vida plena e satisfatória.

Conforme mencionei anteriormente, minha educação sempre enfatizou que o estudo era prioritário em relação ao trabalho, e essa mentalidade era influenciada por meus próprios pais, já que sou filho de um engenheiro civil e de uma médica pediatra. No entanto, percebo que essa orientação não foi única, pois muitos pais compartilham dessa abordagem, especialmente aqueles que não tiveram a oportunidade de receber uma educação formal completa. Eles desejam o melhor para seus filhos e, portanto, incentivam fortemente o básico, afinal, eles só querem o seu bem. Cresci com a convicção de que deveria me dedicar ao estudo, ser um aluno exemplar, prestar vestibular, ingressar em uma universidade respeitada e assegurar um emprego que proporcionasse um salário confortável. Se almejasse uma renda substancial e estabilidade financeira, a alternativa frequentemente apresentada era seguir a carreira de servidor público. De certa forma, essa trajetória realmente se concretizou em minha vida. Em parte.

Esse discurso foi dito repetidamente pelos meus pais, e não estou citando que seja errado, mas não é isso que penso hoje em dia e gostaria de explicar sobre alguns novos conceitos de mindset financeiro que aprendi com você, pois isso pode fazer muita diferença na sua jornada, assim como fez na minha.

Mas o que é mindset financeiro?

O termo "mindset financeiro" se refere à mentalidade, crenças e atitudes que uma pessoa possui em relação às finanças pessoais e à gestão financeira. Ele desempenha um papel fundamental na maneira como uma pessoa lida com seu orçamento pessoal e influencia suas ações e comportamentos. Pode impactar o sucesso monetário, a capacidade de alcançar metas e a habilidade de enfrentar desafios financeiros com eficácia.

Basicamente, funciona como um filtro mental que molda a forma como você pensa, toma decisões e age em relação às suas finanças.

Isso é importante, pois na maioria das vezes você precisa agir, e não ficar esperando que essas mudanças aconteçam de forma passiva na sua vida!

Ao invés de encarar o dinheiro como fonte de estresse ou preocupação, tenha atitudes positivas em relação a ele. Isso significa possuir um mindset financeiro saudável, que geralmente envolve a crença de que o dinheiro é uma ferramenta que pode ser usada para criar oportunidades, alcançar objetivos e proporcionar segurança financeira. Além disso, o mindset financeiro envolve a capacidade de planejar e tomar decisões financeiras de forma consciente e responsável. A compreensão da importância de economizar, investir e viver dentro de um orçamento é importante.

Ter um mindset financeiro sólido também significa estar disposto a aprender e crescer em termos de conhecimento financeiro. Envolve educar-se sobre investimentos, gerenciamento de dívidas, planejamento de aposentadoria e outras questões orçamentárias.

Outro aspecto importante é a capacidade de lidar com desafios financeiros de maneira *resiliente*. Em vez de entrar em pânico diante de dificuldades financeiras, se você possuir um mindset financeiro saudável, ele permitirá que você enfrente os problemas, aprenda com eles e siga em frente. Esse aspecto não parece positivo para você?

É importante reconhecer que o mindset financeiro não é fixo e pode ser desenvolvido e transformado ao longo do tempo com educação, autoconsciência e esforços constantes, como eu fiz.

Existe muito material que você pode pesquisar sobre mindset financeiro, portanto, aqui eu me limito a apenas introduzir o assunto, ok? O ponto pricipal que desejo enfatizar é: cultivar um mindset financeiro saudável e positivo pode ajudar a melhorar a gestão das finanças pessoais, reduzir o estresse e criar uma base sólida para alcançar metas financeiras de curto, médio ou longo prazo.

Todo processo tem marcos

Em 2013, aos 25 anos, comecei a prestar atenção mais detalhadamente nas notícias econômicas veiculadas nos jornais e na televisão. Percebi que, ao longo de alguns dias, o dólar subia e, em seguida, aconteciam eventos que o faziam cair. Gradualmente, comecei a nutrir um interesse genuíno por esse universo e decidi me dedicar a compreender esses acontecimentos que provocavam mudanças tão bruscas nas cotações do dólar, bem como os motivos subjacentes a essas flutuações. Com todas as previsões indicando que "o Brasil iria mudar", me pareceu uma oportunidade valiosa aprender mais profundamente sobre investimentos, pois essa poderia ser uma solução vantajosa para aproveitar essas mudanças. Assim, passei a dedicar parte do meu tempo diário à leitura e ao estudo do mercado financeiro.

Há quase uma década tive o meu *day one*[1]. Lembro perfeitamente que a ficha finalmente caiu quando comecei a aprender os conceitos que haviam por trás da geração de renda, a olhar com outros olhos para os números, e me dei conta que a minha aposentadoria dependia exclusivamente de mim, e não do governo ou de uma empresa que pagasse o meu salário, ou ao menos, assim deveria ser.

---

1 "Dia um" ou "primeiro dia", em tradução livre.

Naquele tempo comecei a fazer uma conta simples, mais ou menos dessa forma: a cada R$ 1.000,00 que eu conseguisse guardar, era como se eu colocasse R$ 5,00[2] mensalmente no meu salário vitalício, o que, no ano, daria um montante de R$ 60,00.

Mas o que significa salário vitalício, Norton? Como funciona esse conceito? Bem, eu vou te explicar. O pensamento por trás de um salário vitalício é garantir que a pessoa tenha uma fonte de renda estável e contínua durante toda a sua vida, independentemente de continuar trabalhando ou não. Isso significava, em termos simples que, a cada R$ 1.000,00 que eu conseguisse juntar e investisse, eu estava R$ 5,00 mais perto da minha independência financeira, e posso garantir a você que esse pensamento foi muito bom para eu começar a construir o meu patrimônio e, claro, o meu salário vitalício, que é aquele que eu receberei até o final da minha existência.

Entre 2014 e 2018, iniciei minha jornada de compreensão e aprofundamento no mundo dos investimentos. Concluí que, se você seguir o processo que eu estava empreendendo, eventualmente alcançará o salário que tanto almeja. Tudo o que é necessário é um alto grau de organização, consistência e disciplina. Lembro-me claramente de como essa percepção surgiu enquanto estudava diariamente, acompanhando números e notícias, e adentrando mais profundamente no universo financeiro.

---

2 Valores considerando taxa de juros da época. Quando se junta dinheiro, você pode ter renda através dele. FII é um bom guia de renda passiva.

Nesse período, um conflito nítido tomou forma em minha mente. Ficou claro para mim que minha fonte de renda não estava limitada apenas ao meu emprego, e que meu salário não era a única maneira de alcançar minha aposentadoria e uma fonte sustentável de renda.

Essa ficha já caiu para você? Você já percebeu que pode estar se esforçando demais no trabalho em troca de um salário — que pode até ser bom, como o meu era —, mas que existem outras maneiras de gerar renda? Às vezes, por pura falta de conhecimento, deixamos de explorar essas oportunidades simplesmente porque não sabemos como funcionam. Eu costumava refletir sobre isso todos os dias, e foi uma revelação surpreendente para mim, assim como estou certo de que está sendo para você agora. Meu mindset financeiro passou por uma transformação significativa. É possível que você também sinta certo choque, como eu senti, e comece a contemplar um universo totalmente novo que antes desconhecia, algo que acontece com a maioria das pessoas.

Nessa mesma época, no ano de 2018, descobri um Mastermind™[3]. Foi a primeira vez que eu entrei em contato com aquela palavra. Se você não sabe, Mastermind™ é um conceito em inglês que significa, em tradução simples, "Mente Mestra".

Mastermind™ refere-se a um grupo ou programa de mentoria no qual um mentor experiente ou especialista

---

3 A marca internacional MasterMind™ pertence a The Napoleon Hill Foundation (EUA).

orienta um pequeno grupo de indivíduos interessados em melhorar, alcançar metas financeiras ou aprender estratégias que o possibilite a atingir novos resultados.

Geralmente, o MasterMind™ envolve um ambiente de aprendizado colaborativo, onde os participantes se reúnem regularmente para compartilhar conhecimentos, discutir estratégias, trocar ideias e receber orientações personalizadas do mentor ou líder do grupo. Esses grupos podem se concentrar em vários aspectos pessoais ou empresariais, apresentam novas oportunidades de negócios e muito mais.

Os benefícios de participar de um MasterMind™ podem incluir:

Aprendizado Coletivo: A troca de conhecimentos entre os participantes permite que todos aprendam com as experiências e conhecimentos uns dos outros.

Crescimento Pessoal e Profissional: Participar de um MasterMind™ pode contribuir para o crescimento pessoal e profissional, ajudando os participantes a aumentar os seus conhecimentos, melhorar as suas estratégias e tomar decisões mais conscientes.

Exploração de Novas Estratégias: Os membros podem descobrir e explorar novas estratégias e abordagens para melhorar algum ponto onde estejam enfrentando dificuldades.

Networking: Participar de um MasterMind™ oferece a oportunidade de conhecer outras pessoas com interesses semelhantes e construir uma rede de contatos.

Orientação Especializada: Orientação direta e conselhos de um mentor experiente podem ajudar os participantes a tomarem decisões assertivas e eficazes diante de um problema.

Responsabilidade Mútua: O grupo proporciona um ambiente de responsabilidade, onde os participantes são incentivados a cumprir suas metas e compromissos.

Suporte Emocional: Compartilhar desafios e sucessos com o grupo pode fornecer um suporte emocional valioso e motivador.

Em resumo, na prática, o Mastermind™ é um grupo de pessoas que possuem interesses comuns. Elas se encontram — às vezes presencialmente, outras vezes de forma virtual —, trocam experiências sobre os assuntos em pauta daquele grupo e se ajudam a crescer mutuamente, fazem negócios, *networking*, colaboram entre si. As pessoas que fazem parte de um Mastermind™ hoje são dos mais diversos grupos de atuação. Há engenheiros, médicos, advogados e empresários de diferentes segmentos, e se você participa de um desses grupos, você inevitavelmente acaba saindo da sua pequena bolha e aprende muito com os outros.

Para ingressar nesse grupo que havia descoberto, o investimento era bastante acessível naquela época, algo que contrasta com os valores praticados pelos grupos mais renomados atualmente. Lembro-me claramente do pensamento que percorreu minha mente: "Qual é a pior coisa que pode acontecer se eu me juntar a este Mastermind™?" Afinal, se você refletir comigo, perceberá que já estava ganhando um salário razoável na época, pelo menos de acordo com os padrões que eu considerava "razoáveis" para o meu trabalho. Portanto, a pior consequência possível seria enfrentar um prejuízo momentâneo. No entanto, quando me questionava sobre qual poderia ser o meu ganho máximo, não conseguia fornecer uma resposta definitiva. Diante desse dilema, concluí que o investimento valeria a pena e decidi ingressar no grupo.

Antes de eu continuar contando essa história, gostaria que você me respondesse com sinceridade:

- *Você é do tipo de pessoa que acredita que economizar o máximo que puder é o que você precisa fazer para conquistar o conforto financeiro?*
- *Você é uma pessoa que pondera tudo o que vai fazer para que possa economizar cada vez mais e garantir a sua "aposentadoria futura"?*

Eu respondia "sim" a estas duas perguntas, mas foi quando comecei a estudar mais sobre economia, investimentos e entender mesmo o jogo do dinheiro e da renda que meu pensamento mudou. Entrar no Mastermind™ foi crucial pra isso, aprender e me dedicar a novas áreas foi necessário para que eu desenvolvesse o conhecimento que eu precisava para criar a vida que eu realmente queria.

Decidi me arriscar, afinal, percebi que valeria a pena "perder" o montante investido no Mastermind™ caso não obtivesse nenhum resultado ou aprendizado. Esse valor não representaria uma perda substancial em minha vida, mas, dependendo do que eu absorvesse ali, poderia potencialmente alterar minha trajetória para sempre.

Esse conceito é amplamente discutido na literatura financeira e é conhecido como "Assimetria Positiva", que se refere a situações em que há muito mais a ganhar do que a perder ao tomar uma decisão, como foi o caso da minha adesão ao Mastermind™.

A partir daquele momento, adotei um novo paradigma financeiro, compreendendo que precisava mudar minha mentalidade de apenas economizar a fim de garantir uma aposentadoria vitalícia para investir em novos conhecimentos e outras formas de aplicação financeira.

Então, as duas perguntas que eu fiz anteriormente mudaram de resposta quando eu me conectei a outras pessoas e me permiti aprender mais sobre algo que ainda não conhecia.

Sei que o ser humano é reticente a mudanças, afinal, muitas vezes nos vemos na zona de conforto, temos medo do desconhecido, correr incertezas e riscos, passamos por pressões sociais e culturais... mas e você, tem avaliado isso na sua vida? Tem se permitido desbravar sobre novos assuntos? Conhecer pontos de vistas diferentes, de outras pessoas, aprender com elas? Abrir a sua mente sobre novas possibilidades que permitam a você ter novos ganhos financeiros, mesmo que você ainda não tenha total conhecimento?

Com minha entrada no Mastermind™, passei a compreender a importância de investir em mim mesmo para alcançar um patamar superior, adquirir novos conhecimentos e explorar diferentes oportunidades. Tornei-me consciente da existência de outros negócios e possibilidades, percebendo que muitas pessoas estavam prosperando nesse cenário e eu poderia aprender com elas. De fato, investir em si mesmo não é apenas necessário; é essencial. Não é possível conquistar coisas novas permanecendo a mesma pessoa. A verdadeira transformação e conquista de novos patamares ocorrem quando adquirimos conhecimento e habilidades capazes de gerar resultados.

A maioria dos meus amigos eram funcionários concursados da Petrobras e compartilhavam uma visão semelhante à minha. Eles planejavam estudar arduamente até conseguirem aprovação em um concurso público, almejando assim uma vaga, estabilidade e, por conseguinte, uma aposentadoria confortável fornecida pelo governo, através do INSS, e também pela empresa, por meio de um plano de previdência privada. Os funcionários concursados geralmente desfrutam de uma boa qualidade de vida, com salários consideráveis quando comparados à média da população brasileira, e muitos deles também investem em ações.

No entanto, naquela época, aprendi que era igualmente importante direcionar meus recursos para outras áreas, prática que continuo a adotar até hoje. Além de investir em meu próprio negócio, direciono recursos para a educação de meus colaboradores e, principalmente, em meu próprio desenvolvimento, ciente de que isso impulsionará o crescimento contínuo do meu empreendimento, pois sei que é o que fará o meu negócio decolar cada vez mais.

A bolsa de valores, ainda que traga a você alguns ganhos, se você souber operar bem e realmente se dedicar a aprender e fazer o que precisa ser feito, dia após dia, com consistência e disciplina, fará com que o seu dinheiro trabalhe para você. Pra você ter uma ideia, vou dar um exemplo simples aqui: um percentual de 10% para quem tem um milhão de reais é de R$ 100.000,00. Se você deseja chegar lá, se você quer atingir o seu primeiro milhão, comece hoje, mesmo que com pouco. Você vai aprendendo, e posso garantir que ainda que existam pessoas no mercado prometendo ganhos milagrosos, dizendo que existem fórmulas mágicas no investimento, a grande verdade é que só se aprende a investir, investindo. Afirmo com convicção que a bolsa de valores vale a pena, pois ajuda a crescer o seu patrimônio de uma forma impressionante, as ações são suas e estarão pagando dividendos. Investir na bolsa com pouco dinheiro é sobre aprender e depois, com mais dinheiro, você já tem experiência e pode arriscar mais.

Bem, não estenderei sobre este assunto aqui, existem diversas outras publicações que ensinam como aplicar na bolsa de valores, afinal, este é um livro para falarmos sobre milhas, mas desejo veementemente que você estude sobre ações e seus lucros.

Não existe estabilidade

No ano de 2014, o Brasil, o país que todos diziam ser do futuro, estava indo mal. Em 2018, quando entrei no meu primeiro Mastermind™, pude ver muitas pessoas ganhando dinheiro de diferentes formas, fazendo negócios, vendendo empresas, uns até mesmo lucrando com vendas de diversificados tipos de produtos físicos sem nem ao menos possuir estoque deles[4]. E percebi que, na prática, existiam muitas formas diferentes de gerar dinheiro além das que eu conhecia, e os investimentos na bolsa de valores e o meu salário eram apenas duas delas, bastava que eu estivesse disposto a aprender.

Quando veio a pandemia em 2020 e paralisou todas as operações de sonda na Petrobras, percebi que não existia mais garantia de nada. Eu havia prestado concurso público atrás de uma estabilidade. Na pandemia, ninguém sabia o que iria acontecer, claro, no mundo todo, afinal, o que houve foi algo sem precedentes, mas me fez pensar mais uma vez que uma pessoa que depende somente de uma fonte de renda fica frágil demais.

Sei que muitos vivem no automático e não refletem no

---

4 O chamado *"dropshipping"*, ou seja, utilizar a logística de outra empresa para armazenar e enviar produtos.

que aconteceria com a sua renda caso ficassem doentes agora. E se você não puder mais trabalhar por um longo tempo? Você tem outras fontes de renda que assegurem o seu estilo de vida tranquilamente por este período? A grande maioria das pessoas não tem, e a pandemia escancarou isso. Porém, não fui apenas eu, inúmeros indivíduos pensaram nisso justamente por causa deste acontecimento global.

Na época em que eu saí da Petrobras, eu tinha as minhas ações investidas, então posso dizer que eu possuía um colchão financeiro que me daria uma certa tranquilidade durante o período de um ano, tudo pelos meus próprios méritos, afinal, eu estava aprendendo cada vez mais a multiplicar o meu dinheiro, fazendo-o "trabalhar" pra mim através da bolsa de valores. Eu já não dependia mais somente de um salário e do meu tempo para ter ganhos financeiros. Hoje, com as milhas e minhas outras fontes de renda, fico muito feliz em pensar que se eu precisar parar tudo, se acontecer algo comigo ou se eu simplesmente decidir dar um tempo das minhas obrigações, consigo viver confortavelmente. Não é libertador? Saber que você não necessita se sentir dependente de um trabalho que não gosta ou que não faz sentido pra você, onde você troca o seu tempo por um salário que muitas vezes é baixo e que paga somente as suas contas básicas e não permite ao menos que você consiga ter uma perspectiva de crescimento? Eu acredito que esse sentimento é impagável.

A verdade é que todo mundo vende alguma coisa, e se você não sabe o que você vende, a resposta é: o seu tempo. E te digo mais: tempos bons ou ruins não são pra sempre.

Você se lembra do período em que, na Grécia, as pessoas só podiam sacar uma certa quantia de dinheiro no banco? E a situação da Venezuela? Quem é concursado lá hoje não ganha quase nada, a inflação é tão alta que corrói o dinheiro a cada minuto, por isso, repito: estabilidade não é sinônimo de segurança financeira, aprenda isso enquanto há tempo. E vou além: se você morasse na Ucrânia no ano de 2021, imagine você ter comprado um imóvel lá, ter investido quase todo o seu dinheiro para conquistar esse patrimônio e depois simplesmente perdê-lo da noite para o dia por causa de um míssil? Pois é, isso infelizmente aconteceu com parte da população, algumas amigas minhas, que conheci durante as minhas viagens pelo mundo, tiveram que trocar de país por conta da guerra.

Você precisa de uma renda extra se pretende se aposentar sem depender de um salário, e quando digo isso me refiro a conseguir ter uma fonte de renda que não dependa de forma direta de você e da venda do seu tempo. Ensino hoje esse mesmo pensamento aos meus alunos e ainda não conheço algo que dê tanto retorno sem tanto esforço, que seja capaz de gerar lucro sem alterar a sua rotina e sem que você precise sair de casa. Trazendo isso para um exemplo mais palpável, digamos que numa simples operação com milhas, onde eu ensino exatamente o passo a passo do que você deve fazer, onde deve clicar e como executar, e que para operacionalizar isso tudo com detalhes você gaste apenas meia hora do seu dia e ali você ganhe várias centenas de reais, com um recebimento em cerca de algumas semanas, pergunto: não lhe parece atraente utilizar seu tempo desta maneira?

Com milhas, esse é um resultado totalmente acessível, simples, pois você, mesmo que queira, não consegue multiplicar o seu tempo, mas se tiver a sabedoria certa, pode usá-la para multiplicar o seu dinheiro.

Tenho vários alunos que, além de conquistarem lucro por meio do conhecimento adquirido, relatam uma mudança significativa em seu mindset financeiro. Essa transformação é notável, e é evidente que ela impacta positivamente todas as áreas de suas vidas.

É fundamental destacar, mais uma vez, que a estabilidade não é uma garantia, e o mundo está em constante mudança. Mesmo para aqueles que têm empregos considerados "estáveis" como os funcionários públicos, é importante entender que as circunstâncias podem se alterar rapidamente. Portanto, adquirir conhecimento nessa área não apenas permite adicionar uma nova fonte de renda à sua vida, mas também orienta sua mentalidade para criar outras.

Uma das vantagens de trabalhar com milhas é a facilidade de aprendizado e a simplicidade na execução, embora seja importante ressaltar que isso não transformará ninguém em multimilionário da noite para o dia. O esforço necessário para alcançar resultados é razoável e pode ser feito com um computador ou celular e acesso à internet. Além disso, é necessário ter um cartão de crédito, de preferência sem anuidade, que não cobre taxas adicionais e ofereça pontos na medida em que você o utiliza. Essa abordagem pode ser uma maneira simples, fácil e prática de fazer o seu dinheiro trabalhar a seu favor, e falaremos mais sobre esse aspecto adiante.

Portanto, se você gostou do que leu até agora e deseja aprender mais sobre o vasto mundo de oportunidades que se abre diante de você neste momento, saiba que exploraremos essas possibilidades com mais detalhes nos próximos capítulos.

CAPÍTULO 3
CARTÃO DE CRÉDITO: AMIGO OU VILÃO?

Este é um tópico importante que quero abordar para que você compreenda com clareza as vantagens de possuir conhecimento sobre tudo o que os cartões de crédito podem proporcionar e como você pode se beneficiar disso.

Quando você faz uso deles de maneira adequada, começa a perceber que durante muito tempo pode ter deixado "dinheiro na mesa", ou, quem sabe, ainda esteja agindo dessa forma simplesmente por falta de conhecimento sobre como aproveitar ao máximo o jogo dos cartões de crédito, e essa combinação de aprendizado e prática foi fundamental para a minha transformação de vida.

Com frequência, recebo perguntas em minhas redes sociais de pessoas que têm receio de possuir e usar cartões de crédito por inúmeras razões. Percebo que esse sentimento é bastante comum, e é por isso que abordaremos cada um desses motivos ao longo deste capítulo, para que você possa extrair o máximo desse benefício, certo?

Receio de cartão de crédito?

Em primeiro lugar, gostaria de afirmar a você: o cartão de crédito não é um vilão. Com base nisso, discutiremos ao longo deste capítulo cada um dos motivos que sustentam minha afirmação.

Quando comparamos os dias atuais com alguns anos atrás, fica evidente que hoje desfrutamos de muitas vantagens graças à tecnologia que temos à nossa disposição. Essa tecnologia nos permite acessar uma vasta quantidade de informações na palma de nossas mãos. Com um simples toque na tela do celular, instantaneamente o acesso está ali, fácil, direto e, se você souber usar a seu favor, você poderá tornar o seu cartão de crédito mais do que um amigo, ele poderá até mesmo vir a ser para você uma fonte extra de receitas, o que pode ajudar e muito na sua vida, afinal, como descrevi até agora, a compreensão da importância de ter múltiplas fontes de renda me levou a explorar como poderia tornar isso uma realidade e, dessa forma, você pode fazer o mesmo.

Entendo que existem inúmeros receios relacionados à utilização de cartões de crédito, sendo o principal deles o susto ao receber a fatura. Esse medo leva muitas pessoas a optarem por não possuir cartões de crédito ou a escolher pagar tudo em dinheiro à vista. Quando utilizam o cartão, muitas vezes preferem o pagamento no débito devido ao desconhecimento de alguns fatores. Decidi abordar os medos mais comuns para que você possa identificar as soluções para cada um deles. Acompanhe-me nesta lista:

1. Perder o controle das compras: Esse receio é bastante comum, muitas pessoas me relatam essa preocupação. No entanto, é importante ressaltar que hoje em dia você pode acessar rapidamente a sua conta bancária por meio de aplicativos móveis instalados no seu celular, tornando mais fácil e conveniente manter um controle rigoroso sobre as suas despesas. Não é mais como antigamente, onde as pessoas costumavam anotar seus gastos num caderninho ou faziam qualquer outro tipo de controle manual das receitas que entravam e saíam. Através de um aparelho celular com acesso à internet, você consegue acompanhar em menos de um minuto o saldo da sua conta bancária, todas as movimentações dela, e também a fatura do seu cartão de crédito atualizada de forma simples, rápida e útil. Se ainda assim você tem receio do cartão de crédito nesse aspecto, saiba que muitos bancos digitais permitem que você mesmo defina o seu limite de compras, logo você poderá ajustá-lo para um limite menor, que o faça se sentir seguro e, aos poucos, conforme for sabendo lidar melhor com isso e aumentando o seu grau de confiança, você vai ajustando este limite gradativamente e aprendendo como usá-lo a seu favor. O que importa agora é ficar claro que você tem facilidades hoje que o ajudam a manter o controle sobre os gastos do seu cartão, e isso o ajuda a baixar a sua ansiedade e o medo de não saber como lidar com ele, afinal, o controle total está na ponta dos seus dedos e só depende dos seus ajustes.

2. Entrar no cheque especial: A solução, neste caso, é você colocar o pagamento da fatura do seu cartão de crédito no débito automático para evitar que ele caia no esquecimento e por causa disso você tenha que pagar juros desnecessários. Mas é claro que, se você optar por isso, deve lembrar que o dinheiro será debitado na sua conta mensalmente num dia específico, então mantenha esse valor disponível em conta corrente na data. Hoje eu também procuro deixar o vencimento de todas as faturas dos meus cartões para o mesmo dia, já que tenho diversificados cartões de crédito. Isso facilita a minha organização e recomendo que você faça o mesmo, funciona muito bem.

3. **Inadimplência:** Seu cartão de crédito pode ser um verdadeiro "gerador de riqueza" em sua vida desde que seja utilizado com responsabilidade. Manter o pagamento em dia, configurá-lo para débito automático e acompanhar sua fatura são práticas essenciais. Olhando pelo lado positivo, pagar no crédito é o equivalente a pagar à vista (caso você já tenha o dinheiro em sua conta corrente), mas com a vantagem de desfrutar de diversos benefícios, que detalharei adiante. Além disso, você pode centralizar todos os seus pagamentos em um único dia, incluindo assinaturas, contas de água, luz, telefone e gastos eventuais, tudo no cartão de crédito. Isso simplifica bastante o controle financeiro, pois permite uma visão clara das entradas e saídas de dinheiro, evitando a confusão que pode ocorrer ao realizar pagamentos no débito e perder o rastro de suas despesas. O uso responsável do cartão de crédito oferece a vantagem de adquirir itens no momento desejado, enquanto o pagamento ocorre apenas na data de vencimento da fatura. Como fazer isso de maneira responsável? Se você recebe seu salário no dia 10, pode definir o vencimento da fatura para o dia 15, garantindo assim alguns dias adicionais de margem e melhor controle financeiro. Outro benefício do cartão de crédito é a possibilidade de parcelar compras essenciais. Geralmente, as parcelas no cartão são isentas de juros, o que pode resultar em custos semelhantes aos pagamentos à vista, com a vantagem de uma gestão

financeira mais simplificada. Todas as suas compras parceladas são consolidadas em um só lugar e podem ser facilmente consultadas também por meio de aplicativos móveis, proporcionando acesso imediato às informações financeiras na palma da sua mão. É uma maneira inteligente e conveniente de administrar suas finanças.

4. Gastar o que não tem (contando como se tivesse): A questão aqui envolve mais uma análise crítica do que qualquer outra coisa. Vamos refletir juntos: você já possui um aspirador de pó convencional e constantemente se depara com anúncios de robôs aspiradores nas suas redes sociais. Ambos têm funções semelhantes, embora um pareça ser mais conveniente que o outro. No entanto, suponhamos que você tenha tempo disponível e não seja avesso ao trabalho. Será realmente necessário adicionar outro eletrodoméstico à sua casa? E esse novo aparelho desempenhará as tarefas tão eficazmente quanto o anterior? Agora, imagine uma situação mais séria, como uma geladeira que apresenta defeito após décadas de uso e cujo conserto é dispendioso. Nesse caso, talvez valha a pena investir em um modelo mais moderno, com recursos avançados. O cerne da questão é avaliar se você realmente precisa daquilo que está prestes a comprar ou se está agindo impulsivamente. Compreender esse aspecto é crucial. Como seres humanos, naturalmente desejamos minimizar esforços, mas somos dotados de inteligência, e essa inteligência deve ser direcionada ao controle de nossos impulsos. No entanto, reconheço que, mesmo com esse entendimento, muitas pessoas podem negligenciar esse aspecto. Agora, se o problema se manifesta como compulsão por compra, o buraco é mais embaixo, tá? Nesse caso, é essencial explorar as raízes desse comportamento e tratá-las, pois muitas vezes isso vem das emoções não decifradas facilmente. Por exemplo, a compra impulsiva pode ser uma busca por gratificação imediata e a liberação de neurotransmissores como a dopamina, que é uma substância química produzida pelo cérebro e que está associada à sensação de prazer e bem-estar. Um indivíduo equilibrado deve ser capaz de trabalhar, entender sua renda e gerir seus gastos. Se alguém não consegue realizar essa simples gestão financeira, é necessário voltar dez casas e estudar finanças pessoais básicas. Nesse contexto, o problema não reside especificamente no uso do cartão de crédito, mas sim na falta de habilidade para administrar as finanças adequadamente. O cartão de crédito pode ser uma ferramenta útil quando gerenciado com responsabilidade, mas a compreensão e o controle das finanças são fundamentais para evitar impulsos desnecessários e despesas não planejadas.

5. **Pagar juros altos:** A chave para evitar juros altos está em adotar algumas medidas inteligentes. Primeiro, coloque a fatura no débito automático para garantir que seja paga pontualmente. Se precisar parcelar uma compra, escolha um número de parcelas que não comprometa severamente o seu orçamento mensal. Evite ao máximo parcelar o pagamento da fatura, pois isso resultará em juros elevados. Lembre-se de que o pagamento mínimo deve ser evitado a todo

custo, pois ele levará a juros exorbitantes no saldo restante do cartão. Além disso, ao gerenciar seus cartões de crédito, não se limite a observar apenas um deles; acompanhe o saldo total de todos os seus cartões.

6. **Ter um cartão de crédito irá potencializar o instinto consumista:** Se você teme que ter um cartão de crédito possa intensificar o seu instinto consumista, a solução está em estabelecer um controle rigoroso sobre o limite de crédito. Comece com um limite baixo e vá aumentando gradualmente à medida que desenvolve confiança e disciplina financeira. Se a falta de controle nas despesas é um problema sério, é fundamental buscar ajuda e orientação em educação financeira. Lembre-se de que a responsabilidade final é sua, e culpar o cartão de crédito não resolverá o problema. Como adultos, é nosso dever exercer o autocontrole sobre nossas ações financeiras. Se você não tem certeza sobre sua capacidade de autogerenciamento, busque orientações antes de adquirir um cartão de crédito. A honestidade e a conscientização consigo mesmo são fundamentais.

Em resumo, esses são os receios mais comuns que as pessoas me relatam quando a questão é: por que você não tem um cartão de crédito? Todas essas preocupações têm soluções práticas, desde que você adote uma abordagem responsável e busque conhecimento sobre como utilizar seus cartões de forma eficaz.

Agora vamos para outro ponto de extrema importância: a segurança no mundo dos cartões de crédito.

Foque na segurança

Quando falamos sobre algo ser seguro ou não nos dias atuais, nos deparamos com inúmeras questões e um dos medos que muitos me revelam é: "Norton, não me sinto confortável, tenho medo de roubarem os dados do meu cartão de crédito e usarem em compras na internet". Perdi as contas de quantas vezes já escutei isso de alguém e acredito que essa questão seja pertinente, tanto que reservei uma sessão específica para tratarmos desse aspecto com mais profundidade.

De forma bem prática, uma das coisas que você pode fazer para aumentar a sua segurança ao utilizar cartões é: para compras realizadas na internet, utilize o cartão virtual. Muitos bancos possuem essa opção, que é um cartão extra, com um número diferente do seu cartão físico, assim, se houver uma compra suspeita, na maioria das oportunidades uma pessoa do banco ligará para você na hora em que ela acontecer para confirmar a sua compra, ou o banco até mesmo cancela imediatamente o pagamento se perceber que não é um tipo de movimentação usual sua, ou ainda, pede uma confirmação através do aplicativo para saber se esta compra pertence a você, tudo visando ajudar na segurança. Você pode, por exemplo, criar um cartão virtual apenas para as viagens de Uber.

É bastante comum receber mensagens SMS ou e-mails com informações sobre as transações realizadas com seu cartão de crédito. Os bancos costumam enviar essas mensagens automaticamente, especialmente quando detectam uma compra suspeita. Se você notar alguma transação que não reconhece, pode simplesmente entrar em contato com o seu banco e eles geralmente cancelarão a compra. Alguns bancos vão além e, por meio de seus aplicativos, perguntam se a compra é sua antes de autorizá-la, o que oferece uma camada adicional de segurança.

Quando se trata de proteção, uma prática que adoto é não carregar todos os meus cartões na carteira ao mesmo tempo. Normalmente mantenho no máximo três deles ali, deixando os demais em casa. Quando estou viajando, levo alguns cartões extras e os guardo em um local seguro, como minha mala. Além disso, nunca entrego meu cartão a terceiros, não importa onde eu esteja, e sempre tento manter contato visual com ele durante as transações.

Alguns também optam por colar um adesivo preto sobre o código de segurança na parte de trás do cartão, o que dificulta consideravelmente casos de fraude. Essas precauções adicionais podem ajudar a manter seus cartões mais seguros.

Também costumo deixar ativada a notificação do aplicativo do banco para todas as movimentações que ocorrem no cartão de crédito e isso já me ajudou muito, pois uma vez eu recebi o aviso no celular de que havia tomado uma multa de trânsito, só que naquela data e hora eu estava em casa, não era eu, cancelei o cartão e pedi outro. Deixar essas notificações do cartão ativadas me ajudou naquele instante e recomendo que você mantenha-as também desta forma. E o que já aconteceu comigo foi até engraçado, porque uma vez eu cancelei um cartão pois havia levado uma multa que era minha mesmo, mas que não percebi de imediato; ela veio de um carro que eu havia alugado um tempo antes e na hora em que recebi a notificação, eu nem tinha me dado conta disso. Nesse caso, vale ser honesto e honrar com seus compromissos. Eu paguei a multa, mas o meu cartão continuou cancelado.

Hoje também existe um tipo de cartão onde os números dele só aparecem no aplicativo. Alguns ainda mudam os números de tempos em tempos, e isso acaba ajudando a evitar fraudes, afinal, no cartão físico, só tem o seu nome e nenhuma outra informação além de sequências numéricas e data de validade fixos. Acho importante dizer que o Brasil tem uma tecnologia muito forte para segurança de bancos quando comparada a outros países, então, se você tomar essas medidas básicas, sairá ganhando.

Além disso, muitos celulares modernos oferecem a opção de cadastrar seus cartões de crédito e utilizá-los para efetuar transações, dispensando a necessidade de carregar o cartão físico. Você pode simplesmente carregar apenas seu telefone, que se torna uma espécie de banco móvel, permitindo pagamentos e transações por aproximação. No entanto, é crucial tomar precauções adicionais nesse cenário. Lembre-se sempre de ser cauteloso com suas senhas e de onde as registra, tanto as senhas de seus cartões como a senha de desbloqueio do celular. Isso é ainda mais importante se você utiliza o recurso de pagamento por aproximação por meio do seu telefone, pois essas medidas adicionais ajudam a evitar prejuízos no caso de perda ou roubo do seu dispositivo móvel.

Para casos de viagens ao exterior, eu não recomendo o uso de cartão de crédito por causa do IOF. E há opções melhores, mas ainda assim, sugiro levar ao menos um cartão de crédito consigo, pois caso tenha uma emergência, é sempre bom ter uma carta na manga.

IOF significa "Imposto sobre Operações Financeiras". É um imposto federal no Brasil que incide sobre diversas transações financeiras como empréstimos, câmbio, seguros, títulos, entre outras. Foi criado com o objetivo de gerar receitas para o governo e regular certas operações financeiras.

O IOF no contexto de cartão de crédito refere-se a um imposto federal no Brasil que incide sobre algumas transações realizadas com o mesmo[5]. Ele é aplicado em situações específicas e pode variar dependendo do tipo de operação.

No caso do cartão de crédito, o IOF pode incidir em algumas situações, tais como:

> **Compras no exterior:** Quando você faz compras em moeda estrangeira utilizando o cartão de crédito, seja em lojas físicas ou on-line, é aplicada uma alíquota de IOF sobre o valor da transação. Essa alíquota pode variar, mas é importante lembrar que a compra em moeda estrangeira já envolve uma conversão de câmbio que também pode afetar o valor final da transação.

---

5 Recomendo que você sempre consulte o valor vigente do IOF no momento da utilização, pois ele pode sofrer mudanças.

Saques em moeda estrangeira: Caso você realize saques em moeda estrangeira em caixas eletrônicos ou agências bancárias no exterior utilizando o cartão de crédito, também será aplicada uma alíquota de IOF sobre o valor do saque. Essa modalidade costuma ter uma alíquota um pouco mais alta em comparação com outras operações. Também chamada de *cash advance* ("adiantamento de dinheiro"), você pode utilizar até o valor do limite do cartão de crédito.

Parcelamento de fatura: Se você optar por parcelar o pagamento de sua fatura de cartão de crédito, pode haver a incidência de IOF sobre os juros referentes ao parcelamento. Isso ocorre porque os juros cobrados neste tipo de operação são considerados operações financeiras sujeitas a esse imposto.

É importante destacar que as alíquotas de IOF podem variar ao longo do tempo e podem ser ajustadas pelo governo de acordo com as necessidades econômicas e políticas do país. É recomendável sempre verificar as informações mais recentes junto às fontes oficiais do governo ou com a instituição financeira emissora do seu cartão de crédito para entender exatamente como o IOF está sendo aplicado em suas transações.

Agora, o conselho mais sábio que eu posso dar a você é: não importa quão triste seja a história, não empreste o seu cartão de crédito a ninguém! Sério, acredite em mim, aja dessa maneira. Caso queira ajudar a pessoa, empreste uma quantia definida de dinheiro, mas nunca o seu cartão.

Vantagens de tornar o cartão de crédito o seu aliado

Depois de falarmos sobre os receios mais comuns relacionados ao uso de cartão de crédito, e também sobre a solução para cada um deles, não posso deixar de comentar sobre as vantagens do seu uso, não é mesmo? Então posso afirmar que, sim, você pode ter inúmeros benefícios se for amigo do seu cartão e utilizá-lo a seu favor.

Muitos programas de fidelidade associados a cartões de crédito oferecem vantagens como o *cashback*, que consiste em receber de volta uma porcentagem do valor gasto em suas compras. Essa modalidade é semelhante a um desconto direto e, muitas vezes, é possível combinar promoções para obter tanto o desconto quanto pontos ou milhas. Nada mal, não é mesmo?

A expressão "*cashback*" é uma combinação de duas palavras em inglês: "*cash*" (dinheiro) e "*back*" (de volta). Ela se refere a um tipo de programa ou oferta em que os consumidores podem receber de volta uma porcentagem do dinheiro gasto em uma compra.

O *cashback* é geralmente disponibilizado por empresas, lojas (físicas ou virtuais) ou instituições financeiras como uma estratégia para incentivar os clientes a efetuarem compras. O funcionamento é simples: quando um cliente utiliza um cartão de crédito ou débito que participa do programa, uma porcentagem do valor gasto é creditada de volta à sua conta após a conclusão da transação. Isso proporciona ao cliente a sensação de receber uma parte do dinheiro utilizado, equivalente a um reembolso parcial da compra.

Os programas de *cashback* podem variar em termos de porcentagens oferecidas, limites de gastos, produtos ou categorias elegíveis para o *cashback*, entre outros detalhes. Algumas empresas também oferecem *cashback* como parte de promoções sazonais ou campanhas de marketing.

No Brasil, o termo é frequentemente utilizado para se referir a essa prática de reembolso parcial em compras, mesmo que seja uma expressão em inglês.

Vários cartões também possuem programa de pontos e milhas e, se o preço para o pagamento no cartão de crédito for o mesmo que para outros meios, você sai ganhando. Às vezes recebe pontos numa determinada empresa ao realizar uma compra e participa de um programa de fidelidade dela, e ainda ganha as milhas no seu cartão, ou seja, uma dupla vantagem!

Ainda quero chamar a sua atenção para um fato interessante: hoje, com a enorme concorrência entre os bancos digitais, é muito fácil você conseguir acesso a um cartão de crédito sem anuidade, ou até mesmo se você tiver um mínimo de gasto mensal, consegue fazer com que a taxa seja isenta e não pagará a anuidade do cartão, mas este é um assunto que abordarei mais adiante.

Dependendo do tipo de cartão de crédito, há inúmeros outros benefícios que as pessoas nem imaginam, como vantagens no aluguel de carros, proteção de compras, seguro viagem gratuito, serviços para os pets... Alguns oferecem serviços gratuitos de diferentes fontes, basta que você se informe de acordo com a bandeira, banco e espécie do seu cartão, pois você pode ter esses recursos disponíveis e por simples desinformação não estar utilizando-os, e eles poderiam ser muito úteis a você. Nem sempre o banco emissor do cartão deixa claro essa gama de vantagens que oferece.

O que quero enfatizar neste capítulo é que a transformação do seu cartão de crédito em um vilão ou aliado depende inteiramente de você e de como aplicará o conhecimento adquirido nestas páginas.

Estou aqui para ajudá-lo a fazer do seu cartão de crédito o seu melhor amigo, aproveitando todas as vantagens e benefícios que ele oferece, bem como a oportunidade de gerar uma renda extra. E se você não estiver interessado em uma renda extra, há também a alternativa de ganhar viagens e desfrutar de experiências incríveis com as pessoas que mais ama. Pare para pensar: onde você gostaria de estar daqui a alguns meses? Quem você levaria consigo? Imagine-se relaxando em uma cadeira de praia no Caribe ou desfrutando de um café da manhã em um castelo na França, com vista deslumbrante. As possibilidades são infinitas, desde que esteja disposto a aprender novas ideias e colocá-las em prática.

CAPÍTULO 4
MILHAS SÃO IGUAIS A DINHEIRO

Compreendo que o universo dos cartões de crédito pode parecer assustador para algumas pessoas. No entanto, agora que abordei como você pode reduzir e superar essas preocupações, gostaria de conversar sobre o fascinante mundo das milhas. É importante lembrar que todas as suas despesas feitas com cartões de crédito podem ser convertidas em pontos, que por sua vez, podem ser trocados por milhas.

Vamos começar pelo básico: a diferença entre pontos e milhas. Pontos são acumulados em qualquer programa de fidelidade, enquanto milhas são obtidas exclusivamente nos programas de fidelidade das companhias aéreas. Portanto, pode-se afirmar que milhas são um tipo de ponto, mas nem todos os pontos são milhas.

Se você não está familiarizado com os programas de fidelidade, também conhecidos como programas de recompensa, eles são estratégias desenvolvidas pelas empresas para fidelizar os clientes e incentivá-los a consumir regularmente seus produtos ou serviços. Esses programas recompensam os clientes à medida que eles fazem compras na empresa e servem para destacar a empresa da concorrência, tornando-a a primeira escolha do cliente. Vale ressaltar que, entre os diversos tipos de programas de fidelidade disponíveis, os oferecidos por bancos merecem atenção especial, pois são nesses programas que você acumula pontos em seu cartão de crédito, que posteriormente podem ser trocados por milhas.

Você sabia que bancos e companhias aéreas muitas vezes não divulgam amplamente essas informações? Isso mesmo. Ter milhas é tão valioso quanto ter dinheiro, e se você usa seu cartão de crédito regularmente, mas opta por pagar a maioria das despesas imediatamente, devo lhe informar que está deixando muito dinheiro na mesa. Se você já é usuário de cartão de crédito, mas ainda não aproveita todos os benefícios que ele pode oferecer, posso afirmar com confiança que está perdendo a chance de obter uma renda extra (o que, acredito, seria muito bem-vindo), ou até mesmo de desfrutar de viagens e outros benefícios que o cartão de crédito pode proporcionar, tudo por falta de conhecimento.

Mas isso vai mudar a partir de agora.

Será que esse mundo é pra mim?

Eu sei que você pode estar se fazendo essa pergunta, afinal, já me questionei sobre isso várias vezes e ainda recebo essa dúvida com frequência nas minhas redes sociais.

Eu mesmo passei muitos anos da minha vida sem entender nada sobre milhas até que, em 2015, durante uma viagem à Geórgia, tive um *insight* crucial sobre o valor das milhas. Naquela ocasião, lembrei-me de uma conversa com um amigo que costumava viajar comigo e sempre pagava suas despesas com cartão de crédito, pois ele ganhava dinheiro extra e trocava suas milhas por passagens aéreas. Foi nesse momento que percebi que estava prestes a pagar uma conta no débito, o que, pensando bem, não fazia sentido algum. Afinal, se toda vez que gastasse um valor no cartão de crédito tivesse a oportunidade de receber algo de volta, por que desperdiçar essa chance?

Alguns anos depois, em 2018, enquanto estava em Dubai

durante minha licença remunerada da Petrobras, realizei uma das minhas maiores vendas de milhas até então, obtendo um lucro substancial. Lembro-me vividamente desse momento e da gratidão que senti por ter adquirido esse conhecimento.

Tudo isso foi possível graças aos ensinamentos do meu amigo Márcio Felipe, que também trabalhava no setor de petróleo e gerava uma renda extra por meio do seu cartão de crédito. Fora em 2015, uma das primeiras vezes que tomei consciência desse "novo mundo". Inicialmente essa ideia parecia surreal para mim, mas ganhar dinheiro com um cartão que eu já usava no meu dia a dia me parecia uma oportunidade fabulosa. Resolvi experimentar, e essa decisão mudou completamente minha trajetória. Antes eu tinha uma vida confortável com um salário legal na Petrobras, mas ao sair de lá, minha vida se transformou em algo extraordinário, e desejo sinceramente que você também possa vivenciar essa transformação.

Uma das coisas mais legais que eu fiz foi levar meu pai e meu irmão em uma viagem comigo algum tempo depois de entrar no mundo das milhas. Pra você entender melhor, o meu pai é um homem simples, nascido no Pará, que não gosta muito de sair, de frequentar exposições de arte, teatros, essas coisas, ele prefere ficar em casa assistindo o *Discovery Channel*. Ele é bastante caseiro enquanto eu valorizo a oportunidade de explorar diferentes lugares. Lembro-me claramente de quando eu mencionava a ele minhas viagens ao redor do mundo e ele costumava dizer: "Deus me livre, passar quatorze horas num avião!". Sim, meu pai era esse tipo de pessoa!

Agora que você já conheceu um pouco dele, vou contar o que eu fiz: convenci meu pai e levei ele e meu irmão em uma aventura verdadeiramente inesquecível. Juntos, embarcamos em uma jornada de oito horas a bordo de um avião para explorar a Savana em um emocionante safari. Essa viagem foi especialmente significativa para nós, pois meu avô, que partiu deste mundo pouco antes, nutria um desejo ardente de conhecer o lugar. Assim, não hesitei em realizar essa emocionante aventura em sua memória. Eu nunca me esqueço da sensação de olhar para meu paizão Geraldo durante o voo e lembrar das palavras que ele sempre dizia. Eu me sentia feliz por realizar essa viagem em família, concretizando o sonho dele e, ao mesmo tempo, homenageando meu avô, que não teve essa chance. Isso me faz refletir sobre o quanto a vida é efêmera. Estamos aqui hoje, mas o que acontecerá amanhã? É por isso que enfatizo... Aproveite os seus momentos com as pessoas que você ama hoje! Viva experiências de tirar o fôlego, pois cada dia é verdadeiramente único!

Essa história ilustra claramente como o conhecimento que compartilho aqui pode capacitar até mesmo aqueles que nunca imaginaram passar horas dentro de um avião a realizar experiências extraordinárias. Imagine a possibilidade de proporcionar viagens dos sonhos para seus pais, cônjuge, filhos ou qualquer pessoa querida, tudo isso sem despesas extras. Sua esposa sempre quis conhecer a Itália? Seu marido sonha em visitar Cancún? Seus filhos anseiam por uma emocionante jornada à Disney? Tudo se torna tangível através dos gastos cotidianos da vida, aproveitando todo o potencial que seu cartão de crédito pode oferecer. Diante disso, por que não abraçar essa oportunidade?

A decisão de trocar a suposta "estabilidade" de um emprego público por mais liberdade e a oportunidade de explorar novos horizontes é uma das escolhas que jamais vou lamentar. Desejo profundamente que você também possa conquistar essa liberdade e realização, não apenas por você, mas também pelas pessoas que ama.

O mundo das milhas está ao alcance de todos que desejam viver de forma extraordinária, que compreendem que estão deixando dinheiro na mesa devido à falta de conhecimento. São ações simples, práticas e acessíveis. É ter a oportunidade de viajar mais por muito menos — em alguns casos, sem desembolsar nada —, somente utilizando o potencial do seu cartão de crédito. Eu sei que parece bom demais para ser verdade, mas é normal quando se dá o *start* e vira uma rotina. Estou certo de que não posso guardar esse conhecimento apenas para mim. Muitas pessoas desejam as oportunidades que eu tenho e não sabem como, então ensino quem estiver disposto a aprender a viver uma vida mais feliz e realizada por meio das experiências que as milhas e os cartões de crédito podem proporcionar!

A Terra é grande demais pra você ficar parado

Você se recorda que, durante o período de licença na Petrobras, eu não recebia salário algum, logo, qualquer decisão que eu tomasse era dinheiro saindo da minha conta sem retorno, certo? Bem, mais ou menos. Por quê? Porque, ao longo desses vinte meses sem salário, as milhas desempenharam um papel crucial em minha vida, permitindo-me viver confortavelmente e ainda explorar destinos ao redor do mundo.

Foi nesse período que tive a oportunidade de viver por dois meses na Bielorrússia enquanto me dedicava ao estudo da língua russa em Moscou. Para ocupar meu tempo e, concomitantemente, contribuir com a comunidade local, comecei a dar aulas de inglês para crianças pequenas. Imagine só, um brasileiro vivendo na Rússia e ensinando inglês para crianças! Isso certamente não estava em meus planos de vida, mas a experiência foi incrível, proporcionando não apenas aprendizado, mas também momentos divertidos e enriquecedores.

Por falar em diversão, também passei dois meses na Índia. Lá aproveitei pra fazer um retiro espiritual num ashram. Foi uma experiência transformadora que me ajudou a conectar com minha espiritualidade e aprender muito sobre mim mesmo.

Um ashram é um tipo de retiro espiritual ou comunidade monástica, frequentemente associado à tradição religiosa do hinduísmo. É um lugar onde indivíduos buscam aprofundar sua prática espiritual, meditação e estudo religioso sob a orientação de um mestre espiritual ou guru. Ashrams são locais de paz, reflexão e autoconhecimento, onde os praticantes podem se afastar das distrações do mundo cotidiano e se dedicar à busca espiritual.

Nos ashrams, os residentes geralmente seguem uma

rotina diária estruturada, que pode incluir meditação, estudo de textos sagrados, práticas de ioga, trabalho voluntário, canto de mantras e outras atividades espirituais. A vida em um ashram é projetada para promover o crescimento pessoal, o desenvolvimento espiritual e a conexão com os princípios e ensinamentos da tradição religiosa.

Embora o conceito de ashram seja mais comumente associado ao hinduísmo, também pode ser encontrado em outras tradições espirituais e filosóficas, como o budismo e algumas formas de espiritualidade alternativa. Cada ashram pode ter suas próprias regras, práticas e filosofias, dependendo do mestre espiritual que o lidera e das tradições específicas que são seguidas.

É por isso que eu digo sempre; viagens proporcionam oportunidades únicas para aprender sobre pessoas, culturas e lugares, nos levando a destinos paradisíacos onde experimentamos culinárias diversas e costumes que contrastam profundamente com os nossos. Além disso, as jornadas pelo mundo nos ensinam muito sobre nós mesmos. Se eu pudesse lhe dar um conselho valioso para a vida, seria este: viaje! Viaje o máximo que puder, e se tiver a chance de usar suas milhas para isso, melhor ainda!

Assim como eu já vivi experiências incríveis ao redor do mundo, muitos dos meus alunos também têm suas histórias surpreendentes para contar. Regularmente, recebo mensagens e depoimentos de gratidão por compartilhar esse aprendizado, permitindo que eles proporcionem momentos inesquecíveis para as pessoas que amam. É a realização daquela viagem dos sonhos que ficou guardada na gaveta por anos devido à falta de recursos financeiros, a concretização do desejo de seus pais, ou ver seus filhos radiantes experimentando algo que você tem o poder de oferecer a eles. Tudo isso se torna possível quando dominamos o conhecimento e o utilizamos a nosso favor.

A viagem à Tailândia deixa de ser um sonho impossível e se torna completamente viável. Fernando de Noronha logo terá uma data marcada em seu calendário, com passagens já adquiridas. As Pirâmides do Egito estarão à espera da sua visita, e os recifes de corais na Austrália escondem o peixinho Nemo, mas você tem a oportunidade de ir procurá-lo.

Quando nos conscientizamos e fazemos um uso estratégico do cartão de crédito, somos capazes de realizar feitos que nem mesmo imaginávamos, mas que são plenamente alcançáveis!

CAPÍTULO 5

TRANSFORME SUAS DESPESAS EM VIAGENS

Use milhas para viajar — e pague muito menos por isso

Utilizar o cartão de crédito para acumular milhas e posteriormente trocá-las por passagens aéreas é, sem dúvida, o que a grande maioria das pessoas que têm conhecimento sobre milhas faz. No entanto, como já deve ter percebido, essa não é sua única opção, e exploraremos outros aspectos desse tema adiante. Mesmo assim, vale ressaltar que viajar é a meta preferida de muitas pessoas ao acumular milhas.

Se você me acompanha em minhas redes sociais, provavelmente já sabe que eu faço uso frequente desse benefício e o recomendo amplamente. O melhor de tudo é que, sem gastar além de meus custos habituais, consigo transformar milhas em viagens memoráveis, e quem não aprecia viver experiências enriquecedoras, explorar novos lugares e culturas? Bem, sou este tipo de pessoa e um grande entusiasta dessas experiências. No entanto, entendo que nem todos compartilham da mesma disposição de deixar um emprego público para seguir esse estilo de vida.

Mas veja só! Viajar pode trazer uma ampla gama de benefícios físicos, mentais e emocionais. Aqui eu listo 10 razões pelas quais muitas pessoas consideram viajar como algo positivo:

1. **Ampliação de horizontes:** Viajar expõe você a novas perspectivas, ideias e maneiras de viver. Isso pode ajudar a ampliar sua mente e abrir seus olhos.

2. **Aprendizado:** Você pode aprender sobre história, geografia, arte, arquitetura e muito mais, tanto por meio

das atrações turísticas quanto por interações com pessoas locais.

3. Autoconhecimento: Ao enfrentar desafios e situações desconhecidas durante a viagem, você pode conhecer mais sobre si mesmo, suas capacidades e limitações. Isso gera maior desenvolvimento pessoal e autoconfiança.

4. Aventura e emoção: Explorar novos lugares e experimentar atividades emocionantes pode trazer sentimentos de entusiasmo e emoção. Afinal, um pouco de adrenalina não faz mal a ninguém, certo?

5. Desenvolvimento de habilidades sociais: Viajar frequentemente amplia sua cultura e pode aprimorar sua capacidade de se comunicar de forma eficaz.

6. Experiências culturais: Viajar permite que você mergulhe em culturas diferentes, explore tradições únicas, experimente culinárias diversas e interaja com pessoas de origens variadas. Tudo é aprendizado.

7. Fuga da rotina: Viajar proporciona uma pausa na rotina diária, permitindo que você se desconecte do estresse do trabalho e das responsabilidades cotidianas. Isso pode ajudar a recarregar as energias.

8. Memórias duradouras: As experiências de viagem muitas vezes resultam em memórias para serem compartilhadas com amigos e familiares, enriquecendo sua vida de maneira significativa. Quem não curte contar suas histórias ao redor do mundo?

9. Quebra de preconceitos: Ao vivenciar pessoalmente outras culturas e formas de vida, você pode questionar e superar preconceitos e estereótipos que possa ter, promovendo uma visão mais aberta e inclusiva do mundo em que vivemos.

10. Relaxamento e bem-estar: Muitas vezes, as viagens incluem destinos relaxantes, como praias ou áreas naturais. Esses ambientes tranquilos podem promover o descanso e o bem-estar mental. E não só no Brasil, mas em diversos outros países.

Esses são só alguns benefícios que relatei de forma rápida para que você enxergue tudo o que uma boa viagem pode te trazer.

Diante disso, é fundamental enfatizar que a principal vantagem de adquirir passagens aéreas por meio de milhas é que, além de não exigir desembolso adicional de dinheiro, você utiliza seus gastos regulares do cotidiano para acumular essas milhas.

Isso resulta em um investimento menor nas passagens em comparação com a compra convencional. E muitas pessoas também transformam esse processo em um negócio, o que será relatado mais pra frente.

Você não quer viajar? Lucre com aqueles que querem!

Eu entendo perfeitamente quem não tem esse ímpeto viajante como o meu, ou quem até mesmo não pode, por motivos de trabalho ou outras responsabilidades, viajar na hora que bem entender. Mas existe uma maneira de você não desperdiçar as suas milhas, ou seja, não deixar seu dinheiro ir embora pelo ralo por não utilizá-las ou por deixá-las expirar: vender suas milhas aéreas e lucrar com isso!

Quando menciono a venda de milhas, não estou sugerindo que você simplesmente as coloque nas mãos de outras pessoas em troca de dinheiro. Não é assim que funciona. Milhas são ativos digitais, uma forma de moeda para certas companhias aéreas. Isso possibilita que você use suas milhas para adquirir passagens ou produtos (uma alternativa para evitar que suas milhas expirem, embora seja importante fazer as contas e avaliar se vale a pena). Em essência, vender milhas envolve emitir uma passagem em benefício de outra pessoa que não possui milhas suficientes ou conhecimento para fazer isso, e receber um pagamento em troca.

Existem algumas empresas onde você pode oferecer suas milhas à venda. Quando a venda é realizada, alguém emite uma passagem para um destino específico e você recebe um pagamento correspondente em sua conta corrente. Para fazer isso, você se cadastra nessas empresas e, quando a transação é concluída, o dinheiro é depositado em sua conta.

Você também pode optar por vender suas milhas a um amigo, mas o processo não é tão simples quanto transferir milhas diretamente para a conta deles. Você precisará emitir a passagem em nome dessa pessoa, que então lhe paga o valor acordado. É recomendável que você receba o pagamento antes de emitir a passagem. Muitas pessoas transformaram essa prática em um negócio, pois podem cobrar um valor adicional em relação ao que as plataformas mencionadas anteriormente oferecem, aumentando assim seus lucros. A pessoa que compra ainda economiza em comparação com a compra direta com a companhia aérea, o que beneficia ambos os lados.

Você deve estar se perguntando se essa prática pode gerar problemas, e a resposta é não. Pode ficar tranquilo. Vender milhas é algo que está dentro da legalidade. No entanto, é compreensível que as companhias aéreas e os bancos não queiram que você saiba disso, afinal, você que já chegou até aqui, aprendeu que milhas equivalem a dinheiro. Elas não são brindes; são uma forma alternativa de moeda com uma taxa de câmbio em relação à moeda comum, assim como o real em relação ao dólar, por exemplo. Ora, se é possível comprar milhas nos próprios sites das companhias aéreas e também vendê-las, logo fica claro que há um mercado ativo. Portanto, é evidente que as milhas são lucrativas, permitindo que você as compre por um valor mais baixo e as venda por um valor mais alto, gerando dinheiro no bolso sem sair de casa.

Independentemente de você utilizar suas milhas para seus próprios fins ou vendê-las a terceiros, é essencial estar atento às datas de vencimento das milhas para evitar que elas expirem por negligência. Pelo menos troque-as por produtos, mas não deixe elas expirarem, como acontece com muitas pessoas por displicência. Uma verificação do seu programa de fidelidade pode ajudar a manter o controle dos prazos, então, faça-a regularmente.

Conhecimento traz experiências inesquecíveis

Tenho muitos alunos que mandam mensagens agradecendo pelo o que essas dicas proporcionaram na vida deles e me sinto realmente feliz por isso. O fato de eu poder viajar já é algo fantástico, ter criado a vida do jeito que eu queria, com a liberdade que eu sempre sonhei, conhecer novos lugares, isso realmente não tem preço, mas saber que outras pessoas estão fazendo o mesmo ao seguirem meus passos é realmente impagável, e você poderá ver algumas dessas histórias e mensagens que eu recebo nas páginas finais deste livro, então, não deixe de conferir.

Recebo relatos de pessoas que sonhavam em visitar um lugar específico e conseguiram concretizar esse sonho. Há quem tenha embarcado em um avião pela primeira vez na vida ou proporcionado essa experiência a alguém, levado esta pessoa a contemplar o mar pela primeira vez ou realizado a viagem de lua de mel, tudo graças à aplicação de um conhecimento que é surpreendentemente simples, fácil e rápido. Chega a ser quase inacreditável que tantos deixem passar batido.

É por isso que insisto que o conhecimento é libertador! Não faz sentido pagar tudo no débito quando você pode pagar no crédito e ainda obter vantagens com isso. Por que deixar seu dinheiro parado, sem render?

Pessoalmente, tive a oportunidade de visitar diversos países, explorar inúmeros lugares e apreciar diversas culturas. Fiz amizades em todos os cantos do mundo. Quando saímos de nossa zona de conforto e nos deparamos com olhares, sabores, cheiros, perspectivas, tradições e costumes distantes dos nossos, isso nos dá a visão de mundo maior e enriquece nossa vida culturalmente.

Agora, se por algum motivo você não pode viajar tanto quanto gostaria ou não tem interesse, isso não significa que você não possa ganhar dinheiro proporcionando essas experiências a outras pessoas.

Muitos de meus alunos estão lucrando dessa maneira, e alguns até largaram seus empregos convencionais porque conseguiram fazer isso de tal forma que o que era inicialmente uma segunda fonte de renda passou a se tornar a primeira, e com rendimentos superiores, enquanto desfrutam de trabalhar no conforto de casa na hora que bem entendem. Tudo se resume a estar disposto a aprender, a olhar para as oportunidades que se apresentam e a aproveitá-las.

CAPÍTULO 6

ENTENDENDO O QUE OS CARTÕES DE CRÉDITO PROPORCIONNNAM

Acredito que até aqui, ao longo destas páginas, mesmo que você não soubesse muito sobre cartões de crédito ou não estivesse ciente de todas as possibilidades que eles oferecem, estão se tornando cada vez mais claras as vantagens de utilizá-lo em seu dia a dia, não é verdade?

Resumidamente, você já percebeu que pode gerar renda extra com seu cartão por meio das milhas, que pode desfrutar de boa segurança por meio de aplicativos, que a opção de adquirir mais de um cartão pode tornar tudo ainda mais interessante e que, em alguns casos, você nem mesmo precisa pagar anuidade. Mas há mais vantagens a serem exploradas.

Vou explicar agora sobre esses benefícios adicionais para que você tenha plena consciência de como utilizar ao máximo todas as possibilidades que o cartão de crédito pode oferecer a você. Lembre-se, no entanto, de que um dos nossos focos neste livro é utilizar o cartão como fonte de renda extra, trocando as milhas por passagens aéreas.

Um mundo de oportunidades

O mundo dos cartões de crédito e suas vantagens é gigante pra quem o controla, mas, como você já descobriu, a maioria absoluta das pessoas não sabe ou não dá importância à metade das coisas que estão aqui neste livro, e se fizessem isso, com certeza muitos não estariam mais pegando taxas exorbitantes anuais e tantas outras coisas que acontecem somente por não terem a informação correta a respeito ou por não saberem que existe um cartão ideal para elas e seu estilo de vida.

Falamos bastante até o momento sobre milhas, que é o grande objetivo do livro. E te digo: tantas e tantas milhas expiram diariamente, para a alegria das companhias aéreas e bancos... eles não desejam que você detenha essas informações, pois não há vantagem nenhuma para eles, afinal, se você não usa suas milhas, elas acabam voltando para os caixas dessas empresas.

Vamos começar abordando os programas de fidelidade. Esses programas são criados por empresas e cartões de crédito com o objetivo de manter os clientes engajados e satisfeitos. Muitos deles oferecem a oportunidade de receber *cashback*, que é quando você realiza uma compra e ganha de volta uma porcentagem do valor gasto, o que significa, de alguma forma, um desconto.

Grandes bancos geralmente possuem programas de fidelidade, e muitas pessoas abrem contas nesses bancos com a esperança de aproveitar essas vantagens. No entanto, muitas vezes esses benefícios são pouco divulgados no momento da contratação e as pessoas acabam esquecendo que eles existem, ou sequer têm conhecimento de sua existência.

Em programas de fidelidade, você pode acumular pontos que podem ser utilizados posteriormente. Por exemplo, alguns postos de gasolina oferecem esse benefício, e à medida que você acumula pontos, pode trocá-los por produtos físicos ou outras bonificações oferecidas pelo programa ou pela empresa do cartão de crédito. No entanto, é importante ressaltar que esses programas de fidelidade não estão relacionados às milhas das companhias aéreas. Trata-se de uma outra forma de moeda de troca, ok?

Além disso, alguns bancos e bandeiras de cartão de crédito como Visa e Mastercard oferecem promoções que incluem descontos em eventos, teatros e shows, além de permitirem a compra de ingressos antes do público em geral, especialmente para grandes festivais internacionais. Isso significa que, ao possuir determinados cartões, você pode "furar a fila" virtual e garantir seus ingressos com antecedência, antes que se esgotem.

Se você aprecia ir a shows e eventos, esses programas de fidelidade podem proporcionar vantagens significativas como descontos expressivos ou privilégios exclusivos apenas por utilizar o cartão correto no momento certo. Alguns programas até possibilitam a compra de múltiplos ingressos para cinema e eventos no mesmo cartão, o que resulta em mais descontos para você, além de acumular mais milhas e dinheiro em sua conta, desde que você utilize esses recursos de maneira estratégica.

Outro ponto importante: por meio dos programas de fidelidade, você pode até mesmo comprar combustível com desconto, o que é uma vantagem significativa para quem utiliza o carro com frequência. Além disso, algo bastante interessante que costumo mencionar em meus cursos é que vários cartões de crédito proporcionam acesso exclusivo a salas VIP em aeroportos, simplesmente por você ser titular desses cartões. Isso é especialmente valioso para pessoas que viajam com frequência, como eu. Quem já passou por aeroportos sabe o quanto os preços dessas comodidades podem ser elevados, e as salas VIP oferecem um refúgio agradável.

Dentro dessas salas VIP, você encontra um ambiente amplo e relaxante, perfeito para descansar durante viagens longas. Muitas delas também oferecem o conforto de tomar um banho revitalizante. Algumas proporcionam uma variada seleção de refeições sem custo adicional, o que é uma vantagem considerável. Além disso, algumas dessas salas VIP dispõem de espaços tranquilos para trabalhar com seu computador e fornecem Wi-Fi eficiente. Outras ainda contam com áreas mais exclusivas, onde você pode realizar reuniões. As poltronas nas salas VIP geralmente são mais confortáveis do que as do saguão principal do aeroporto, permitindo que você aguarde o seu voo com tranquilidade.

É importante salientar que o acesso a salas VIP em aeroportos pode variar dependendo da bandeira do cartão e do banco emissor. Algumas instituições determinam o número de acessos anuais, a gratuidade ou não, e se é permitido levar um acompanhante. A quantidade de acessos depende da espécie de cartão que você possui. No entanto, ter acesso a esse espaço exclusivo simplesmente por possuir o cartão de crédito certo é uma vantagem e tanto, não é?

Recebo frequentemente *selfies* de alunos tomando café da manhã nas salas VIP ou brindando com taças de vinho e expressando gratidão por esse conhecimento. Alguns compartilham que se sentem renovados após tomar um banho durante uma longa conexão, pois viajar por longas horas entre aeroportos e conexões pode ser desgastante, e revigorar faz toda a diferença.

Outra vantagem notável é que, muitas vezes, o uso de determinado cartão de crédito concede acesso preferencial à aeronave, permitindo que você embarque antes dos demais passageiros e reduza o tempo de espera na fila. Para os entusiastas das viagens, existem programas de pontos que permitem trocar esses pontos por estadias em hotéis. Imagine que maravilhoso viajar com suas milhas e, ainda, desfrutar de acomodações sem custo adicional ou por um valor reduzido, tudo graças ao cartão de crédito que oferece essa oportunidade! No entanto, é crucial que você analise cuidadosamente qual cartão ou bandeira deseja adquirir, bem como os benefícios oferecidos, antes de fazer a contratação ou substituir seu cartão atual por ele.

Sempre haverá promoções

Destaco aqui que no universo dos cartões de crédito e das companhias aéreas frequentemente surgem diversas promoções, o que representa uma excelente oportunidade tanto para você quanto para mim. Entre essas promoções, é possível encontrar ofertas que dobram a quantidade de pontos acumulados, bem como aquelas que concedem um número significativamente maior de milhas em compras específicas. Portanto, é fundamental manter-se atento a essas promoções ao planejar uma viagem e aproveitar ao máximo seu conhecimento.

Por exemplo, existe um cartão associado a uma rede de supermercados nacional que oferece 5 pontos por dólar[6] gasto em compras nas suas lojas, enquanto em outros estabelecimentos essa oferta é de apenas 2 pontos por dólar. Abaixo, apresento um quadro com um cálculo simples que demonstra os benefícios que você poderia estar desfrutando neste caso:

U\$ 1,00 = 5 pontos comprando na rede de supermercados
U\$ 1,00 = 2 pontos nas demais compras

Uma compra mensal de R\$ 1.200,00 nesta rede de supermercado geraria algo em torno de 1.000 pontos ou mais. Você poderia trocar por:

R\$ 30,00 de *cashback* na próxima compra ou acumular 1.000 milhas aéreas

Agora, diga para mim: uma família de três pessoas não gasta mensalmente este valor em compras para abastecer a sua casa de produtos? Pois é.

---

6 O dólar é apenas uma referência, você deve converter para o valor em reais no dia da compra. As regras de pontuação e recompensas podem ser alteradas a qualquer momento.

Algumas pessoas ficam tristes quando perdem uma promoção que consideram muito boa, mas elas e você podem ficar tranquilos, pois SEMPRE haverá outras igualmente boas! Cito aqui que as companhias aéreas precisam fazer seu fluxo girar e constantemente lançam promoções de passagens para diferentes destinos com a possibilidade de gerar mais milhas. Se você perdeu alguma, fique calmo, pois logo surgirá outra. O que eu não recomendo que você faça é gastar o que não tem, ou que não pode dispender, somente para aproveitar a melhor promoção, pois considera ela imperdível.

Confie em mim, haverá outras!

Também há a possibilidade de você se cadastrar nos clubes dos programas de fidelidade das companhias aéreas, onde você pagará uma mensalidade e receberá um número de milhas automaticamente na sua conta. Assinar os clubes de milhas das companhias aéreas pode ser algo muito bom, principalmente pelos benefícios proporcionados.

Eu assino alguns clubes para ganhar mais bônus e comprar pontos e milhas com desconto, e ensino a todos os meus alunos a encontrarem os clubes que fazem sentido para cada um, de acordo com o seu estilo de vida e com os seus objetivos, assim eles podem tomar suas decisões com mais clareza e no que vai proporcionar mais lucro e benefícios a eles, assim como eu faço.

CAPÍTULO 7
COMO ESCOLHER UM CARTÃO DE CRÉDITO

É sempre bom lembrar a série de benefícios que um cartão de crédito oferece, além de suas conveniências. Mas, lembre-se, é importante usá-lo de maneira responsável para evitar dívidas excessivas. Aqui estão alguns benefícios associados ao uso adequado de um cartão de crédito:

Compras on-line: Para compras on-line, os cartões de crédito podem oferecer uma camada adicional de proteção contra fraudes e disputas de cobrança. Além disso, um cartão de crédito virtual trás mais segurança e pode ser facilmente criado ou deletado nos aplicativos do banco.

Controle financeiro: Os extratos mensais de cartão de crédito fornecem um resumo detalhado dos gastos, o que pode ajudar no controle financeiro e no acompanhamento dos seus hábitos de consumo.

Conveniência: Um dos principais benefícios dos cartões de crédito é a conveniência de fazer compras sem a necessidade de dinheiro físico. Isso é especialmente útil para transações internacionais, mas tenha cuidado com as taxas.

Crédito e histórico: Usar um cartão de crédito de maneira responsável pode ajudar a construir um histórico de crédito positivo. Isso é importante para obter empréstimos, financiamento para compras maiores como um carro ou uma casa, e até mesmo para conseguir taxas de juros mais baixas.

Emergências: Os cartões de crédito podem ser uma rede de segurança em situações de emergência ou quando você precisa de fundos adicionais temporariamente.

Flexibilidade de pagamento: Os cartões de crédito permitem que você divida o pagamento de compras maiores em parcelas, o que pode ser útil para gerenciar despesas imprevistas.

Proteções e benefícios extras: Alguns cartões de crédito incluem benefícios extras como seguro de aluguel de carros, garantia estendida em compras, assistência em viagens e acesso a *lounges* de aeroportos.

Recompensas e benefícios: Muitos cartões de crédito oferecem programas de recompensas, onde você pode acumular pontos, milhas ou dinheiro de volta com base nas suas despesas. Essas recompensas podem ser usadas para novas viagens, compras de produtos ou outros.

Segurança: Os cartões de crédito reduzem a necessidade de transportar grandes quantias de dinheiro. Em relação à preservação da saúde, foram muito úteis durante a pandemia (e mesmo depois disso), pois vários cartões permitem o pagamento por aproximação, sem a necessidade de digitar senhas e ter contato direto com máquinas.

Sendo assim, você já deve ter percebido que, caso ainda não possua ou utilize seu cartão de crédito, está perdendo uma oportunidade significativa de economizar dinheiro ou de explorar destinos incríveis sem gastar um centavo a mais, o que seria simplesmente sensacional, não é mesmo?

Agora que você compreendeu que o cartão de crédito pode ser seu aliado, eliminou alguns dos receios que tinha em relação a ele, é natural que surja a pergunta: "Norton, diante da vasta variedade de cartões disponíveis no mercado, como vou saber qual é o mais adequado para mim?".

Sim, de fato, existem inúmeros cartões por aí, porém, sempre há aquele que se ajusta perfeitamente à sua rotina e proporcionará benefícios. A partir deste momento, abordaremos com mais detalhes essa questão.

Esteja atento ao seu padrão de vida — não gaste mais do que recebe

O primeiro ponto que gostaria de abordar aqui é algo que você já sabe: milha é igual a dinheiro. Portanto, para entrar nesse mundo, adquira um cartão de crédito que faça sentido para você, ao seu estilo de vida e seus objetivos. Afinal, querer acumular milhas sem possuir um cartão é como ir para uma guerra sem armas.

Agora é o momento de avaliar qual é o seu padrão de vida, e para isso, deve responder a essa pergunta: você sabe claramente quais são os seus rendimentos? O ideal é ter um cartão adequado que proporcionará o máximo de acúmulo de milhas e pontos de acordo com o seu perfil. Dessa forma, você terá apenas ganhos e nenhum prejuízo. Dependendo do seu padrão, pode até mesmo considerar pagar uma anuidade (o que pode ser convertido em milhas automaticamente) ou buscar cartões que isentem essa taxa.

Os cartões de crédito oferecem a opção de pagar o saldo total ou fazer um pagamento mínimo, permitindo um certo grau de flexibilidade no gerenciamento das suas finanças mensais. No entanto, tenha muito cuidado com a segunda opção, pois ela envolve juros e, com o tempo, o valor pode se tornar impagável. Além disso, é importante enfatizar mais uma vez que você arcará com juros se atrasar o pagamento da fatura, portanto, tente manter o valor total disponível em sua conta e efetue o pagamento sempre até a data de vencimento.

A ideia ao escolher um cartão é maximizar os benefícios e reduzir os custos. Às vezes, isso não significa necessariamente zerar estes custos, mas pode ser mais vantajoso ter um custo pequeno e muitas vantagens, desde que essas vantagens estejam alinhadas com seu estilo de vida. Nesse caso, o custo se torna um investimento.

Vamos usar um exemplo prático: imagine que você seja uma pessoa que viaja com frequência, e a bandeira do seu cartão oferece a possibilidade de acesso a salas VIP em aeroportos por uma pequena taxa anual. Isso, por si só, já seria um benefício que valeria a pena, concorda? Com esse privilégio, você pode relaxar, trabalhar, realizar reuniões, quem sabe ter uma refeição, saborear um café e até mesmo tomar um banho revigorante, especialmente em conexões longas, como citei anteriormente. Se você é familiarizado com a rotina aeroportuária, sabe que os produtos e serviços lá são caros, então, essa taxa anual se torna um investimento inteligente no seu caso. Certifique-se também de que o seu cartão seja amplamente aceito tanto nacional quanto internacionalmente, principalmente se você viaja para o exterior com frequência.

Outra vantagem a ser considerada é a possibilidade de utilizar serviços oferecidos em parceria entre os cartões e suas bandeiras. Eu costumo compartilhar informações atualizadas sobre essas parcerias nas minhas redes sociais, já que elas são constantemente renovadas. Um exemplo interessante é a oportunidade de adquirir uma academia com desconto na mensalidade ou até mesmo de forma gratuita. Sim, alguns cartões oferecem esse benefício, embora a maioria das pessoas desconheça. Isso só ressalta a importância de escolher um cartão de crédito que se alinhe ao seu estilo de vida. Recomendo verificar junto aos estabelecimentos que você frequenta se eles oferecem descontos para pagamentos com determinada bandeira de cartão de crédito ou banco emissor.

Além disso, certos cartões estabelecem parcerias com companhias aéreas. Em alguns deles, ao atingir determinado valor em gastos mensais, você fica isento da taxa de anuidade, o que é ótimo para os viajantes frequentes.

Outras vantagens podem incluir a marcação gratuita de assentos em aeronaves e embarque prioritário. Além das milhas, alguns cartões também oferecem pontos como recompensa. Nesse contexto, é importante analisar a relação custo-benefício. Se os benefícios compensarem os custos, vale a pena pagar a anuidade; caso contrário, prefira possuir um cartão sem taxa anual.

Qual é o cartão de crédito ideal para você?

Com tantas opções no mercado, eu acredito realmente que isso possa ser um pouco confuso pra quem está começando a entender os benefícios que um cartão de crédito pode trazer, então escolher um bom cartão é fundamental para você começar. Não há um único "melhor" cartão de crédito que seja adequado para todos, pois as opções variam de acordo com as necessidades, hábitos de gastos e preferências individuais de cada um. O melhor cartão de crédito para você dependerá de vários fatores como seu perfil de consumo, objetivos financeiros e preferências pessoais. Hoje eu tenho vários cartões, a maioria deles sem anuidade, e os que utilizo, gasto o possível para isentar essas anuidades. Por isso, acredito que quando você vivenciar tudo o que esse mundo pode te proporcionar, o seu número de cartões possivelmente aumentará também. Tenho alunos que retém vários cartões e os utilizam para lucrar, e, sinceramente, eu quero o mesmo pra você!

Para facilitar a nossa conversa, se você estiver chegando no mundo dos cartões agora, a primeira coisa que eu recomendo é que você busque um cartão com anuidade zero, o que seria a melhor maneira pra você começar a testar e entrar no mundo das milhas. Exercite isso antes de tudo.

Outra grande dica é ter clareza do volume dos seus gastos. Se você já possui cartão de um banco e este é capaz de isentar a anuidade, esse cartão valerá a pena para você. Pergunte-se: quanto eu pode gastar sem pagar no débito e sem aumentar minhas despesas já existentes? Com base nessa resposta, indague ao seu gerente do banco no qual você já tem conta corrente qual é o cartão que pode te oferecer o máximo de pontos com anuidade isenta de acordo com a sua utilização. Observe também todos os outros benefícios desse cartão e compare com novas opções do mercado antes de tomar a sua decisão.

Essas duas maneiras são as que eu considero mais seguras para quem está iniciando. Também há dicas extras como observar as promoções de anuidade por adesão que surgem repentinamente. Alguns bancos anulam essa taxa em certas campanhas.

Uma boa opção que existe hoje em dia, e que está ao alcance de todos, são os bancos digitais (sem agências físicas). Muitos deles oferecem cartão de crédito sem taxas de anuidade ou com limite baixo inicialmente, mas conforme você for utilizando as técnicas que ensino até mesmo no meu canal do YouTube *Norton Reveno*, o seu limite aumentará com o passar do tempo e isso fará você juntar mais dinheiro ainda. Lembre-se: quem tem limite, faz dinheiro! Mas não deixe de pesquisar sobre a reputação da instituição financeira emissora do cartão em termos de atendimento ao cliente e suporte oferecido em caso de problemas ou dúvidas.

Aqui, vale um lembrete: leia atentamente os termos e condições do cartão, incluindo políticas de recompensas, penalidades por atraso de pagamento e outros detalhes importantes antes de escolher e contratar o cartão.

Os maiores erros das pessoas ao utilizarem o cartão

Um dos erros mais comuns que as pessoas cometem ao utilizar seus cartões de crédito é não se inscrever antecipadamente em todos os programas de fidelidade relacionados às atividades que já realizam naturalmente. Por exemplo, programas de fidelidade em postos de gasolina, locadoras de veículos ou redes de hotéis que costumam frequentar. É crucial fazer essas inscrições, pois, na maioria das vezes, elas são gratuitas. Minha recomendação é que você participe de todos eles, sem exceção. Todos!

Há também plataformas que consolidam pontos de fidelidade e ajudam você a gerenciar suas atividades. No final deste livro, você encontrará mais informações acessando o QR Code que disponibilizo.

Outra sugestão importante é concentrar seus gastos no melhor cartão que você acabou de descobrir. Costumo dizer que, quando se trata de cartões de crédito, quem tem dois, na verdade tem apenas um, enquanto quem possui apenas um, não tem nenhum. Dado o advento dos bancos digitais sem anuidade, mesmo para aqueles que gastam pouco, recomendo a abertura de contas em pelo menos dois desses bancos.

Além disso, é aconselhável configurar o pagamento em débito automático e garantir que haja saldo na conta para evitar esquecimentos e pagamento de juros. Embora já tenha mencionado isso anteriormente, acredito que vale a pena reforçar esse lembrete. Hoje em dia, o acesso às contas é extremamente fácil, permitindo que você verifique rapidamente o saldo e a fatura por meio dos aplicativos móveis do banco e recebendo avisos prévios à data de vencimento, quando a fatura fecha.

CAPÍTULO 8

O CARTÃO DE CRÉDITO COMO FONTE DE RENDA EXTRA

Quem tem limite, faz dinheiro

Agora que o cartão de crédito já se tornou seu amigo, se você souber aplicar essa inteligência financeira, ele poderá ser mais do que um aliado, se tornar uma fonte de renda extra para você.

Existem estratégias que permitem que você tenha lucro e gere este montante extra de forma básica. Explicando de maneira simples, apenas utilizando o limite do seu cartão.

Você compreende o impacto que isso pode ter em sua vida? Estou mencionando a possibilidade de obter uma renda adicional, algo que, se você usar seu cartão exclusivamente dessa maneira, poderia garantir um valor adicional em sua conta. Tudo dependerá do limite disponível em seu cartão e de como você pretende utilizá-lo.

Perdemos muito dinheiro por não saber e por não agir

Tenho certeza que em algum momento da sua vida você já sentiu que estava deixando de ganhar dinheiro. Todos nós passamos por isso. Acontece geralmente porque não temos algum tipo de conhecimento que nos ajudaria a criar mais renda, como por exemplo, o bom uso do limite dos cartões de crédito, ou, ainda que tenhamos esse conhecimento, não o utilizamos completamente a nosso favor, ou seja, não colocamos em prática aquilo que só imaginamos ou ouvimos falar.

Então arrisco dizer que, no mundo das milhas e dos cartões de crédito, a grande maioria da população não está ciente dessas oportunidades, seja por falta de informação ou por não terem o ímpeto de começar. Além disso, há uma parcela que até conhece superficialmente o assunto, mas acha que é difícil, tem medo, preguiça e, por isso, nunca tenta.

Por que escrevi isso? Porque milhares de alunos compartilham essas experiências nos depoimentos que me enviam após aprenderem e aplicarem essas estratégias. Eles frequentemente expressam surpresa ao descobrir como é simples, ficam frustrados por terem perdido tempo e dinheiro, e se arrependem profundamente ao perceberem quanto dinheiro já entregaram aos bancos e companhias aéreas simplesmente por não saberem como usar seus cartões de forma inteligente, verem milhas expirarem ou, em muitos casos, nem mesmo saberem que tinham milhas. Acredite, muitas pessoas desconhecem a quantidade de milhas que possuem e ficam perplexas ao descobrir o valor monetário que isso representaria como um extra em suas contas.

Eu sei que pode parecer inacreditável, mas não é, e isso se torna ainda mais tangível quando falamos em números. Portanto, vou explicar de forma mais clara para que você possa entender: a estratégia mais simples que conheço e uso desde que entrei no mundo das milhas é comprar milhas ou pontos a um preço abaixo do valor de mercado e, em seguida, vendê-los posteriormente, com lucro. É importante destacar que as companhias aéreas proíbem a venda direta de milhas, mas não há nada ilegal em, como mencionei antes, você transferir as milhas para outra pessoa, ou seja, emitir uma passagem aérea usando suas milhas e cobrar um valor por isso, obtendo assim seu lucro. E você também estará ajudando alguém, afinal, se ele comprasse esta passagem diretamente na companhia aérea, com certeza pagaria muito mais. Desse jeito, seu amigo ganha, você ganha, todos ganham! Assustador, não? Sim, eu sei. Quando descobri isso, também senti raiva, fiquei frustrado e indignado por ter deixado de lucrar e simplesmente entregado de bandeja esse valor a eles.

Não parece loucura? Me responda, por favor: alguém em seu juízo perfeito recusaria uma quantia considerável de dinheiro extra a cada ano? Imagine ter esse dinheiro para gastar como quiser: comprar aquele eletrodoméstico ou eletrônico que você tanto deseja, adquirir roupas, investir em algo que lhe interessa ou qualquer outra coisa. É como se alguém ligasse para você e informasse que você tem esse dinheiro à sua disposição, e você respondesse: "Não, obrigado, deixe-o com você!". Claro, se alguém nos ligasse e oferecesse dinheiro, desconfiaríamos, mas a verdade é que essa quantia pode estar lá, disponível. E todos os anos, você "diz" aos bancos: "Vocês podem ficar com esse dinheiro". Isso acontece porque, muitas vezes, por falta de conhecimento sobre milhas, elas acabam expirando e esse montante volta para os cofres dos bancos e companhias aéreas.

Agora, imagine que você está olhando para seus cartões de crédito neste exato instante e eles têm um limite aprovado de R$ 50.000,00. Quantas transações de compra e venda de milhas você poderia realizar com esse número? Isso não é tão difícil quando você possui vários cartões e aprende as estratégias certas para aumentar seus limites. No meu curso, ensino como fazer, e muitos dos meus alunos conseguem limites ainda maiores, incluindo os famosos cartões Black. Se você tem um limite de R$ 50.000,00 e não aproveita essa oportunidade, está, sem dúvida, desperdiçando dinheiro devido à falta de inteligência financeira.

Como lucrar com o seu cartão de crédito

Agora que destaquei o quanto você está perdendo por não possuir esse conhecimento ou por não aplicá-lo, estou pronto para revelar como você pode verdadeiramente lucrar com isso.

Não precisa mais entregar de mão beijada seu dinheiro aos bancos e companhias aéreas. A partir deste momento, não haverá motivos para continuar seguindo como se fosse um leigo no assunto e deixar passar as oportunidades, certo?

Como já discutimos, e espero que você tenha internalizado essa ideia, milhas são iguais a dinheiro. Então, com apenas alguns passos simples, você pode aprender a transformar essas suas milhas em dinheiro imediato utilizando plataformas de milhas.

Resumidamente, suas milhas se convertem em dinheiro quando uma passagem aérea é emitida em sua conta e você recebe pagamento por isso. A maneira como estou descrevendo é 100% automatizada, não exige mais do que alguns minutos do seu tempo, e você recebe esses valores diretamente em sua conta corrente. Mas quem compra essas passagens? Pessoas que não têm milhas suficientes e precisam viajar! Isso significa que você tem uma fonte de renda extra sem gastar um centavo a mais com isso. E o melhor de tudo, você não precisa emitir passagens para amigos, o processo é válido para qualquer pessoa.

Vou liberar uma aula para você, leitor, disponível através do QR Code abaixo, onde aprofundarei ainda mais o assunto das milhas. Essa aula é uma das que meus alunos têm acesso no meu curso. Sinceramente, acredito que isso pode mudar sua vida, assim como já mudou a de milhares de pessoas. Tudo o que peço é que você se dedique a aprender e coloque em prática exatamente o que ensino. Temos um acordo?

Acesse o QR Code e aprofunde sua inteligência sobre o mundo das milhas agora:

Aponte a câmera do seu celular
para a imagem

Optei por apresentar esse conteúdo por meio de uma aula on-line, pois acredito que essa abordagem proporcionará uma compreensão mais detalhada e prática do que apenas escrever aqui no livro. Nessa aula, sou capaz de explicar de maneira simples e direta o passo a passo necessário para você começar a lucrar hoje mesmo. Ao seguir as instruções, você não apenas garantirá este lucro, mas também poderá replicar a mesma estratégia com diferentes cartões. Você estará, literalmente, obtendo ganhos financeiros simplesmente por ter limite em seus cartões, o que é um ótimo ponto de partida para aplicar esse novo conhecimento financeiro.

Um dos valores mais preciosos para mim é a capacidade de transformar vidas. Assim como esse conhecimento me proporcionou a liberdade que eu tanto desejava, tenho a convicção de que ele pode prover o mesmo para você. Você pode se sentir cético agora, pensando que isso não funcionará, mas acredite nos resultados. Não sou apenas eu que obtive sucesso na minha vida; meus alunos também alcançaram mudanças extraordinárias.

Permita-me compartilhar uma história que me emociona profundamente e demonstra o que o conhecimento aliado à coragem pode realizar na vida de uma pessoa.

Uma aluna minha chamada Maria Ludemilia enviou uma mensagem para a minha equipe em um determinado dia. Ela expressou seu desejo de participar do meu curso, mesmo estando endividada e sem possuir um cartão de crédito. No entanto, Maria Ludemilia deu um passo além, enxergou isso como uma oportunidade e pediu emprestado cartões de crédito de sua família (lembrando o que ensinei, jamais empreste seus cartões a ninguém, mas essa foi uma escolha dela). Mesmo não me conhecendo muito bem na época, ela convenceu suas irmãs a emprestarem seus cartões.

Resumindo, após aprender e aplicar as estratégias ensinadas no curso, Maria Ludemilia já acumulou mais de R$ 40.000,00 de renda extra em apenas um ano e movimentou mais de 7 milhões de milhas. E tudo isso começou sem que ela sequer tivesse um cartão de crédito dela! Você pode imaginar o que é possível alcançar? Ela obteve os cartões, aplicou o conhecimento a seu favor e agora desfruta de um grande sucesso.

Você pode estar pensando que ela já era habilidosa na internet, uma nativa digital da geração Z que cresceu com a tecnologia, mas não é o caso. Maria Ludemilia tem 48 anos, quase cinco décadas de vida, e começou do zero absoluto. Ela continuou a prosperar e hoje agradece por ter tido a coragem de dar esse salto de fé, acreditar em si mesma e adentrar nesse novo universo.

Se você deseja ouvir a própria Maria Ludemilia contando essa história, basta acessar o QR Code anterior e assistir. É incrível o que ela realizou aplicando todas as estratégias que ensino!

O conhecimento tem o poder de transformar vidas. Não me canso de enfatizar como ele transformou a minha, mas, mais do que isso, essa jornada não se trata de mim; é sobre o que esse conhecimento pode fazer pela sua vida. Assim como tive essa oportunidade quando um amigo me apresentou a esse universo anos atrás, meu desejo é oferecer o mesmo a você. Muitas vezes, tudo o que alguém precisa é de apenas uma boa chance para viver uma vida melhor, mais confortável e repleta de experiências inesgotáveis. Essa oportunidade está literalmente ao alcance das suas mãos, esperando que você tome uma atitude, pois eu desejo, do fundo do meu coração, que você alcance uma vida abundante e livre.

CAPÍTULO 9
E AGORA, NORTON?

Chegamos ao término deste livro e espero sinceramente que essa jornada tenha sido recompensadora para você.

A escrita destas páginas envolveu revisitar minha própria história e extrair experiências que poderiam beneficiá-lo de maneira prática, conduzindo-o a uma vida melhor, com mais liberdade financeira e bem-estar, utilizando-se de recursos que você já possui e que podem estar sendo subutilizados, ou que talvez você ainda não tenha explorado devido a receios ou outras razões.

Você deve ter notado que escolhi ser muito estratégico em minhas ações, tomando decisões (muitas delas difíceis) e agindo com determinação para alcançar meus objetivos. Essa abordagem é essencial para obter resultados duradouros: manter um aprendizado contínuo, buscar novidades, permitir-se crescer e ir além dos limites estabelecidos.

Essa mentalidade transformou a minha vida! Foi ela que me levou a prestar bastante atenção em um amigo durante uma viagem à Geórgia, anos atrás, quando ouvi pela primeira vez sobre a compra e venda de milhas aéreas. Então, torço que você também a adote.

Manter uma mente aberta, estar disposto a aprender e adaptar-se são peças fundamentais para reconhecer e aproveitar novas oportunidades financeiras. Logo, espero que, com meus exemplos e orientações, você tenha conseguido ampliar seu mindset financeiro e descobrir novas fontes de renda que o ajudem a perseguir seus sonhos.

O principal é que, aqui neste livro, você aprendeu a escolher o melhor cartão de crédito ou, se já possui um, superou o medo dele e agora o vê como seu aliado, ciente dos benefícios que ele pode proporcionar. E que milhas equivalem a dinheiro! Se você não está lucrando com elas, saiba que outras pessoas estão...

No entanto, ainda tenho algumas palavras finais para compartilhar com você...

O mundo é de quem age!

Tenha consciência que para alcançar bons resultados, é fundamental movimentar-se em direção aos seus objetivos. Simplesmente adquirir este livro, lê-lo e guardá-lo na estante não o levará a lugar algum. O verdadeiro progresso surge ao aplicar o conhecimento adquirido e, em seguida, continuar buscando por informações adicionais.

O aprendizado nos ajuda a enxergar o mundo ao nosso redor. Quando absorvemos novos ensinamentos, somos capazes de estabelecer conexões entre diferentes ideias e conceitos. Isso permite enxergar melhor a realidade e tomar decisões mais claras. Além disso, o aprendizado nos conecta com outras pessoas à medida que compartilhamos nossa inteligência, construindo relacionamentos e formando comunidades de apoio.

Assim como um amigo abriu meus olhos no passado, dediquei-me a escrever este livro para tornar o caminho das milhas mais acessível a todos, sem que seja necessário investir tanto tempo quanto eu. Entreguei as informações essenciais para você iniciar sua jornada no mundo das milhas. Agora, você detém a chave; basta inseri-la na fechadura e girá-la para abrir uma nova porta, repleta de perspectivas. Depois que você espiar o que está do outro lado, nada o impedirá de atravessar, tampouco voltará para onde estava.

Se você agir de acordo com o que aprendeu aqui, poderá não apenas transformar a sua própria vida, mas também a de sua família e das pessoas que ama. O universo das milhas é fascinante, e é uma honra para mim ser um veículo para transmitir essa mensagem, seja como "youtuber" ou instrutor. Logo, convido você a acompanhar minhas redes sociais, onde exponho regularmente as melhores promoções e mantenho você informado sobre as últimas novidades no mundo das milhas, tanto no Instagram quanto no meu canal do YouTube, *Norton Reveno*. Tenho milhares de alunos em todo o mundo que me enviam mensagens diárias nas redes sociais, compartilhando suas conquistas: lucram, exploram lugares incríveis, trocam milhas por produtos desejados, presenteiam parentes e amigos, e até mesmo mobiliam suas casas! Você percebe a diversidade de oportunidades que esse dinheiro pode proporcionar?

Acredito que não estamos aqui apenas para trabalhar incansavelmente, mas também para desfrutar do presente, dividir momentos gratificantes com entes queridos e explorar o mundo. Afinal, a Terra é vasta e repleta de experiências enriquecedoras, e seria uma insanidade não querer um pouco disso em sua vida.

Lembre-se, o cartão de crédito é apenas uma ferramenta. O resto depende de você.

Eu desejo que você seja "milhanário"!

Desfrutar de uma vida extraordinária está inteiramente ligado à maneira como você utiliza o conhecimento à sua disposição. Independentemente dos desafios que você enfrenta hoje, saiba que tem todos os recursos necessários ao seu alcance para dar início a essa jornada. Já testemunhei pessoas que se inscreveram em meu curso mesmo sem possuir um cartão de crédito (como exemplifiquei antes) e muitas vezes carregando dívidas e um histórico de crédito negativo, e conseguiram transformar radicalmente suas situações. Isso acontece quando alguém decide genuinamente tomar medidas concretas. Então, quem sabe um dia, nos encontraremos em um dos meus cursos?

Por enquanto, concentre-se em traçar um plano para superar qualquer desafio que esteja enfrentando. Todos nós passamos por momentos difíceis na vida; o que diferencia as pessoas é como elas encaram esses obstáculos e agem diante deles. A ação muda tudo.

Desejo que você alcance riquezas inimagináveis por meio das milhas aéreas, assim como eu e a maioria dos meus alunos, e realize seus sonhos de forma tangível. Quem diz isso é um cara que um dia sonhou com uma vida livre, onde pudesse aproveitar cada momento, viajar para diversos países do mundo, saborear a culinária da Geórgia, mergulhar nas praias mais deslumbrantes da Tanzânia, explorar a Mongólia, o Irã, saltar de *bungee jump* na Nova Zelândia, explorar o Grande Buraco de Belize, participar das festas da *Moon Party* na Tailândia, ascender o Monte Sinai e vivenciar muitas outras experiências memoráveis.

Por fim, não procrastine! Coloque-se em ação a partir de hoje para desfrutar dos melhores momentos da sua vida. Uma história extraordinária está à sua espera e tudo depende de você. Viva intensamente!

Norton Reveno

DEPOIMENTOS

Ana .
Norton. Eu estava muito ansiosa, porém a cada dia que avanço nos estudos estou me convencendo que me inscrever em seu curso foi o melhor investimento que fiz na minha vida em 50 anos de existência. Me acalmei para em breve ganhar. Obg. Parabéns.
Curtir · Responder · 8 meses

NORTON (Produtor)
Tamo junto Ana, vamos lucrar juntos!
Curtir · Responder · 8 meses

Welliton F.
Norton seu conteúdo é top sou aluno de dessa última turma e já comecei a lucra fiz meu primeiro investimento e já lucrei 1300,00 obrigado cara valeu data 20/02/2022
Curtir · Responder · 3 meses

NORTON (Produtor)
Welliton, que ótimo meu amigo, vamos lurar cada vez mais juntos!
Curtir · Responder · 3 meses

Waldebergue A.
Muito esclarecedor esta aula sobre imposto de renda. Muito Obrigado.
Curtir · Responder · 2 meses

NORTON (Produtor)
Bom saber que gostou!!
Curtir · Responder · 2 meses

CARLECTO M.
Muito boa essa aula, tenho cadastro na Petrobras premia desde 2012, vendo essa aula foi verificar constava 65 pontos, quantas vezes abasteci nestes postos e perdi a oportunidade de aumentar meus pontos.

Assim como o Ipiranga da mesma forma. Como diz o ditado é vivendo e aprendendo, ainda mais quando do encontramos um Norton da vida.
Curtir · Responder · 7 meses

ANDERSON S.
Muito bom esse programa só tenho agradecer 😊
Curtir · Responder · 9 meses

NORTON (Produtor)
Show Anderson, tamo junto!
Curtir · Responder · 9 meses

Daniel F.
Simples que nem cortar queijo com faca quente...hehehe
Curtir · Responder · 9 meses

Raissa U.
Acabei de fazer minha primeira operação: Assinei o clube Livelo, na sequência o cadastro Smiles que não tinha feito ainda, fiz a compra dos Pontos+dinheiro em 3x(master card) r$840, e em 10x 100000milhas por 2834,40. Total tudo investido r$3674,40 que vão virar 200000milhas smiles por r$18,372. Espero poder vender por 23 reais kkkkk e lucrar r$4,628 = 925,60 reais... Obrigadoooooooooooooo!!!
Curtir · Responder · 4 horas

NORTON (Produtor)
Oi Raissa !! show de bola simbora lucrar !!
Curtir · Responder · 2 horas

Daniel F.
Fala Norton! Estou assistindo esse vídeo daquia da Ambaar Lounge, em Confins. É a quarta vez que acesso essa Sala VIP, desde que assinei o seu curso. E acessei outras, claro, sempre na ida e na volta. Tudo graças à suas dicas de como obter um cartão Black. Aliás, estou com um Black e um Infinite, graças às tuas recomendações. Valeu mesmo, irmão, o curso tá valendo a pena!
Curtir · Responder · 3 horas

NORTON (Produtor)
Oi Daniel , show de bola irmao obrigado pelo feedback
Curtir · Responder · 2 horas

Maria S.
Parabéns, Norton, pela sua metodologia! Você é muito didático, transmite o conhecimento com muita clareza. Estou encantada! 5 estrelas pra você!!!
Curtir · Responder · 1 mês

NORTON (Produtor)
Oi Maria , agradeço demais pelo feedback !! vamos lucrar rsrs
Curtir · Responder · 1 mês

Valdir P.
Ótimo vídeo parabéns
Curtir · Responder · 5 dias

FABIO B.
Norton, parabéns pelo curso ! Eu já tinha uma noção de milhas e pontos, pago tudo com cartão de crédito, mas com o seu curso consegui entender melhor o universo das milhas e com isso encontrei boas oportunidades lucrando R$ 2.000 nas minhas primeiras negociações !
Curtir · Responder · 2 meses

 NORTON (Produtor)
Fabio, muito bom meu amigo!
Bora lucrar muito mais juntos!
Curtir · Responder · 2 meses

 Fernando q.
Parabéns pelo curso, agora é aproveitar as oportunidades e lucrar. Evolução sempre!!!
Curtir · Responder · 4 meses

 NORTON (Produtor)
Fernando, Valeuu meu amigo, vamos lucrar juntos.
Curtir · Responder · 4 meses

 Concita M.
Boa noite Equipe Norton,

Tenho cadastro na Smiles e na Livelo, tambem sou assinante de ambos. Me cadastrei na promoção (fiz print). Tinha 3.000 pontos Livelo e comprei 17.000 pontos (gastei R$ 714,00, gastei R$2.834,40 para comprar 80.000 pontos pra transferir os 100.000 pontos para o Smiles que vão se transformar em 200.000 milhas. Total de investimento R$ 3.548,40. (tudo dividido em 10x). Vendendo estas milhas no Hotmilhas por R$23/ milheiro (200 x 23 = 4.600) para receber em 60 dias. Devo lucrar R$1.051,60. Praticamente 50% do curso. Show de bola. Parabens.
Curtir · Responder · 25 min

 NORTON (Produtor)
Parabéns Concita, bora Lucrar, é só o começo!
Curtir · Responder · agora

 Júlio C.
gratidão! pela condução e leveza do curso até a vc e a toda equipe! teremos um 2022 mais prospero heheh
Curtir · Responder · 4 meses

 NORTON (Produtor)
Muito obrigado, Júlio!
Curtir · Responder · 4 meses

 Alexandre F.
Boa noite Norton. Parabéns pelo curso! Após assistir todas as aulas, já consegui melhores cartões (sem anuidade), assinei clubes de pontos e de milhas, fiz hoje minha primeira compra de pontos com 50% de desconto e transferi para programa de companhia aérea com mais de 100% de bônus. Só tive duas decepções durante o curso: a limitação de CPFs da Azul e o fato de que praticamente não há mais aplicativos para pagamento de boleto com o cartão de crédito sem taxas, mas com todas as dicas do curso a gente consegue se virar sem isso.
Curtir · Responder · 2 meses

 NORTON (Produtor)
Ola Alexandre, parabens por colocar em pratica e conseguir bons resultados !
Curtir · Responder · 2 meses

 Ana .
Norton. Amei essa aula. Apesar de estar negativada ainda possuo dois cartões. Que é o free Santander e o Nubank com menor valor. Mesmo eles não me ajudando nas milhas, porém me ajudam nas despesas mensais. O bom é que com essa sacada das gavetas, vou distribuir melhor as compras e organizar melhor meus gastos. Valeu
Curtir · Responder · 8 meses

 NORTON (Produtor)
Show. Que bom que gostou
Curtir · Responder · 8 meses

 Barbarah V.
Excelente explicação!
Curtir · Responder · 9 meses

 NORTON (Produtor)
Valeu Barbarah, tamo junto!
Curtir · Responder · 9 meses

 WILCILENE A.
Boa Tarde Norton. Então já consegui três cartões de créditos, Nu. Inter, e C6. O Nu com 6.500,oo de crédito, o Inter com 3.800,00, e C6 com 8.200,00.
Curtir · Responder · 7 meses

 NORTON (Produtor)
Perfeito Wilcinele!!
Curtir · Responder · 7 meses

 WILCILENE A.
Gratidão Norton.
Curtir · Responder · 7 meses

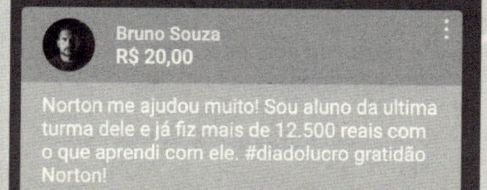

Bruno Souza
R$ 20,00

Norton me ajudou muito! Sou aluno da ultima turma dele e já fiz mais de 12.500 reais com o que aprendi com ele. #diadolucro gratidão Norton!

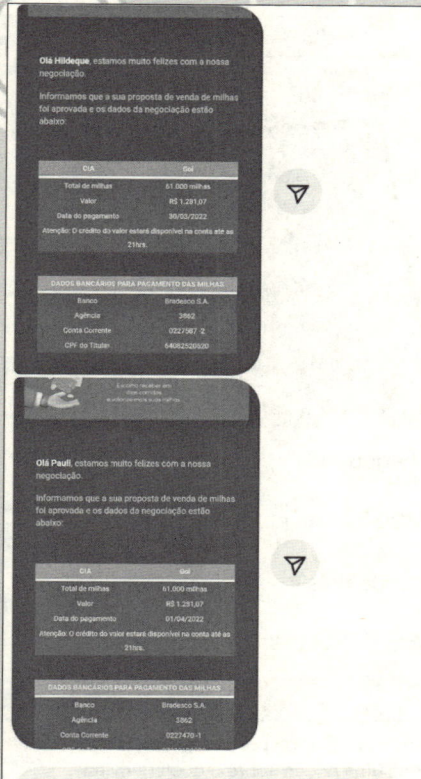

Olá Hildeque, estamos muito felizes com a nossa negociação.

Informamos que a sua proposta de venda de milhas foi aprovada e os dados da negociação estão abaixo:

CIA	Gol
Total de milhas	61.000 milhas
Valor	R$ 1.281,07
Data do pagamento	30/03/2022

Atenção: O crédito do valor estará disponível na conta até as 21hrs.

DADOS BANCÁRIOS PARA PAGAMENTO DAS MILHAS

Banco	Bradesco S.A.
Agência	3862
Conta Corrente	0227587-2
CPF do Titular	64082520520

Olá Pauli, estamos muito felizes com a nossa negociação.

Informamos que a sua proposta de venda de milhas foi aprovada e os dados da negociação estão abaixo:

CIA	Gol
Total de milhas	61.000 milhas
Valor	R$ 1.281,07
Data do pagamento	01/04/2022

Atenção: O crédito do valor estará disponível na conta até as 21hrs.

DADOS BANCÁRIOS PARA PAGAMENTO DAS MILHAS

Banco	Bradesco S.A.
Agência	3862
Conta Corrente	0227429-1

As vendas que já fiz, mais de 6.200,00 de puro lucro!!! Administrando 4 contas. Você é fera meu mestre!

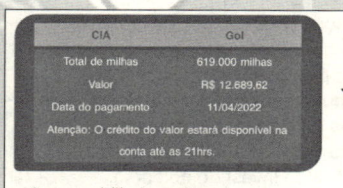

CIA	Gol
Total de milhas	619.000 milhas
Valor	R$ 12.689,62
Data do pagamento	11/04/2022

Atenção: O crédito do valor estará disponível na conta até as 21hrs.

Casa mobiliada com compras bonificadas + última promo da esfera com smiles

Bom demais

Salve Norton!! Sou aluno e tô passando pra deixar um relato. Entrei para o turma do milhas lucrativas faz pouco tempo e tô muito feliz (pq sempre gastei dinheiro com cursos e nunca tive retorno) mas aqui foi diferente.

Primeiro que fiz o pedido do cartão de crédito TPC com anuidade zerada pra sempre e está prestes a chegar (economia de pelo menos BRL 1200,00/ano)

E agora veio a 2nd boa!!!

iPhone 11 comprado - com 40-41% off. Só aí o dinheiro já voltou fácil!!! Tô feliz pela primeira vez comprar algo e ter tido retorno hehehehehhehehehehehehe desculpa ter falado muito!! Mas você é fera!!!

(Fiz a gravação da tela e segui todo passo a passo do close friends) auuuuuuu

Agradecer pelo curso. No mes de Janeiro serão creditados R$4.200,00 na conta.

Respondeu 〉

Bom dia Norton

Quero te agradecer pelos conhecimentos compartilhados.

Comecei o ano com um cartão que não pontuava e um mísero limite de R$: 2.000,00.

Atualmente estou com os tão sonhados: Elo nanquim diners, American Express The Platinum Card, Visa infinite, Tudo Azul platinun, os limites somam aproximadamente R$: 100.000,00 😛😛

Sou da turma de outubro/21, já fiz 4,5 milhões de milhas. Comprei 4 aparelhos Samsung com mais de 40% de desconto em cada um deles. Sou servidor público municipal em Florianópolis e com a renda extra que estou fazendo, me permiti reduzir minha jornada para 6 horas diárias. Possuo hoje cartões como PDA, Amex, Elo Nanquim, Visa Infinite, Inter Black e por aí vai. Enfim, cartões com muitos acessos a salas VIP que nem sonhava em ter. Ah, o que me levou a comprar seu curso, foi aquela Heineken que você tomou com seu sócio no fim da live pra aliviar a garganta. Pensei, esse cara é de confiança! Gratidão Norton, por tudo que aprendi até aqui e espero continuar aprendendo...

Hehe eu sou suspeito , fiz o curso tem dois anos e até hoje faturo com ele valor semelhante ou que faturo com advocacia e corretora rsrs
A joga dos iPhones geram muitaaas viagens

Chegouuu

7300 iphone promax 256

Top demais

Valeu

Obrigado tio Norton!! Reserva com Pontos ALL + promoção blackfriday + consumação pago com pontos ALL. . resumindo um final de semana maravilhoso com minha família, pagando bem baratinho. Forte abraço e que Deus abençoe todos nós

Novotel leme

Conheci o Norton por pesquisas, já tinha uma noção sobre o que era milhas, porém nunca procurei saber como ter uma fonte de renda extra através dela, o Norton trouxe para meu mundo esse novo rumo. Em apenas um mês de curso já havia recuperado o dinheiro investido no curso, hoje já fiz +10.000,00 de puro lucro, fora as movimentações nos cartões de crédito. Se alguém pudesse ler essa minha mensagem e estivesse com dúvida de adquirir o curso, eu queria muito incentiva-lo com minha experiência deste curso. Não me arrependo de um centavo e tempo Investido no curso, obrigado pela oportunidade, hoje tenho 4 Black's e já viajei de graça com os conhecimentos do curso, obrigado novamente. 🤝✈️

19:24

Deseja acessar mais conteúdo exclusivo do Norton Reveno? Basta escanear o QR Code abaixo:

Aponte a câmera do seu celular
para a imagem

ÁLBUM DE FOTOS

VIAGENS FEITAS
COM MILHAS

PASSAPORTE

Snorkel com tubarões-lixa, Maldivas

Petrobras Towers, Kuala Lumpur, Malásia

Semana das Milhas, Rio de Janeiro, Brasil

Mazar-i-Sharif, Afeganistão

Bangkok, Tailândia

Eu e minha mãe em Taj Mahal, Agra, índia

Kyiv, Ucrânia

Aurora Boreal, Murmansk, Rússia

Província Petrolífera do Rio Urucu, Amazonas

Cancún, México

Luxor, Egito

Com amigos em Nîmes, França

Varsóvia, Polônia

Semana das Milhas, São Paulo, Brasil